大木ゆきの

神さま！がんばるのは嫌ですが、大成功する方法を教えてください！

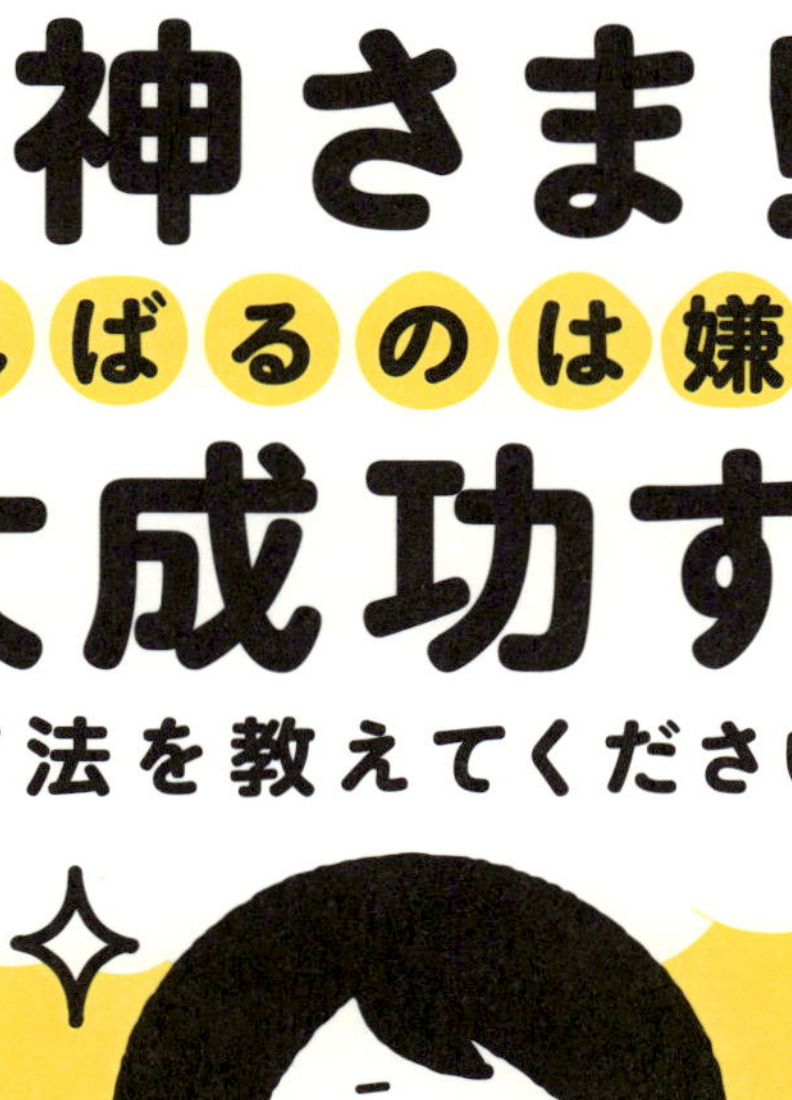

PHP

わしを呼んだか？

がんばるのは嫌ですが、
大成功する方法を
教えてくれだって？

何という虫のよさ！
何という身勝手さ！

って、わしに
怒られるとでも
思ったか？

いやいや、それでよいのじゃ。

苦しいことを、
歯を食いしばってがんばるから成功するのではない。
それは燃費の悪い旧式のやり方じゃ。

楽しいことを、
人の目も気にせず、
やってやってやってやりまくるから、
成功するのじゃ。

あなたは努力が足りなかったんじゃない。
面《つら》の皮の厚さが足りなかったのじゃ〜〜〜〜。
なんてね（笑）。
いやいや、本当のことじゃ。
わしをなめたらいかんぞ。

ハ〜〜〜ッハッハッハッハ

今この本を読んでいるあなたは、真剣に自分を幸せにしたいと思っているだろう。ちゃんとわしは分かっとるぞ。それはとても素晴らしい資質だ。これまでの人生だって、あなたなりに一生懸命やってきたことを、わしは知っとるぞ。

最初に言っておくが、わしは**あなたがどんなに情けなかろうと、しょうもなかろうと、どんなときも愛しておる**のじゃ。さすがは神さまだろ。そこんとこ、よろしくな。

あっ、わしの自己紹介をしておくぞ。

わしは、創造の源《みなもと》である宇宙とあなたとの間にあって、宇宙の命の流れに沿って人々が最高に幸せになるように導いている天界のサポーターみたいなもんじゃ。

「神さま」っていうと、地上の人間よりも偉くて崇《あが》め奉《たてまつ》らなければいけない存在のように思うかもしれないが、そんなに遠い存在じゃない。本質的にはあなたと一つだ。そのことが今は分からなくても、心に留めておいてくれたらそれでいい。

わしは、毎日お供えをしてくれないと助けてやらないとか、罰《ばち》を当てるとか、そんなケチケチした存在じゃないぞ。ただ、わしと周波数が合う状態でないと、せっかくわしが最高のものを用意しても、受け取れなくなる。

人間には自由意志というものがあるから、それに逆らってわしがしゃしゃり出ることはできないんじゃよ。あ〜〜〜、もどかしい。

しょっちゅう耳元で囁《ささや》いたり、誰かの口を借りて言わせたり、夢の中で教えたり、いろんなことをやってるんだけどなあ……。

人間はすぐに悩み事で頭がいっぱいになるから、スルーされることもしばしばじゃ。

それでもう、こうなったら本でも出そうってことにしたんじゃ。
だからよく読んで、この本に書いてあることを、ぜひ活用してほしい。

それではこれから、どうしたら楽しく大成功できるのか、
その秘訣を教えるとしよう。

さて、これが何かお分かりか？

鼻くそだと～？
なかなか面白いことを言うのう。

これは、**誰もが持って生まれてくる大成功のタネ**じゃ。

みんな、これをちゃ〜〜〜〜んと持って生まれてくる。

このタネが芽を出し、茎を伸ばし、花を咲かせるようになったら、人生は花盛り。

まるで万華鏡のように、次から次へと歓《よろこ》びの花が咲き乱れる。努力して何かをひねり出しているんじゃない。うれしくて楽しくてたまらない、その魂の歓びのままに生きる道筋に勝手に花が咲き続けるのじゃ。その花とは、あなたの魂の表現じゃ。

それが歌であることもあれば、

デザインであることも、

絵であることも、

料理であることも、

ヒーリングやカウンセリングであることも、

お芝居を演じることであることも、

探検や冒険であることも、

日本中の温泉に入りまくることであることも、

日本中のあんパンを食べつくすことであることも、
洗濯ばさみを研究することであることも、
ワンコやニャンコと話をすることであることも、
カブトムシ博士になることであることも、
夕焼けのきれいな場所の専門家になることであることも、
愛にあふれた家庭を作ることであることも……。

みんな、それぞれなんじゃ。

決まったカタチがあるわけじゃない。

みんなが同じ花を咲かせる必要などない。それは不自然というもんじゃ。

あなたが一番心地よくて、楽しいと感じることが、花となって咲くのじゃ。

それがどんな花であろうと、あなたという花はとても美しい。たくさんの人を魅了せずにはおかない。そこに人が自然に集まってくるし、豊かさも流れ込む。

豊かさはお金だけではないぞ。

自由な時間という豊かさも、
生きているだけで幸せという豊かさも、
たくさんの人に応援されるという豊かさも、
素晴らしい人とのつながりという豊かさも、
おいしいものを食べるという豊かさも、
おしゃれを楽しむという豊かさも……。

み〰〰〰んな放っておいても流れ込み、あふれ出し、広がっていく。
あなたに触れた人たちみんなを触発していくからなあ。
しかし、タネから芽が出るかどうかは、本人次第なのじゃ。

中には物心がついたときから、
「何だか知らないけど、私にはすごい力がある気がする」
と思い込んでいるおめでたい人間もいるが、何を隠そう、そういう人間ほど芽が出やすいのじゃよ。

何ぃ〰〰〰〰？

「私は小さい頃はそんなふうに思っていたのに、
いろんな人にここがダメ、あそこがダメってダメ出しされまくってるうちに、
全然そう思えなくなってしまいました」だって？

「私はお母さんの言うことばかりきいているうちに、
何をやりたいのかも分からなくなってしまいました」だって？
よくあるパターンじゃのう。

分かった分かった。
まずはその「自分なんて（涙）」を返上して、
大成功の土台を作るところから始めるとしよう。
みんな、準備はいいかな？

CHAPTER 1

神さま、そもそも自分が何をやりたいのか分かりません！

CHAPTER

2

神さま、自分には才能もセンスもありません！

CHAPTER

3

神さま、好きなことに挑戦して、失敗してしてしまいました！

CHAPTER

4

神さま、どうしてもネガティブな感情が頭から離れません！

CHAPTER

5

神さま、うまくいっても心配がなくなりません！

CHAPTER

6

神さま、この期に及んでまだ、挑戦する勇気が出ません！

ブックデザイン　小口翔平＋山之口正和＋喜來詩織（tobufune）

装画・本文イラスト　高田真弓

CHAPTER

1

神さま、そもそも自分が何をやりたいのか分かりません！

大成功に必要なものは全部持って生まれてくる

杉の木のタネって、どのくらいの大きさか知っておるか？

実はなあ、わずか5〜6ミリ程度の細長いタネなんじゃ。近くでくしゃみをしたら間違いなくぶっ飛んじまうな。そんな頼りないタネなのに、杉の木は大きなものでは直径2メートル、樹高50メートルもの大木《たいぼく》に育つ。あんなに小さなタネのどこにそんな力が秘められているのか不思議に思うだろう。

ところが**タネには、大きく大きく育つために必要な要素がすべて秘められておる**のじゃ。

あなたが生まれ持った大成功のタネもそれと同じ。

成功するために必要な要素がすべてそこにある。

才能、表現力、魅力、情熱、発想力、行動力、直感、先見性、独自性、お金を生み出す力、必要な人と出会う力……全部タネに秘められている。

つまり、**大成功するために必要な要素はすべて持って生まれてくる**ということじゃ。

大成功するために、最初に理解する必要があるのは、このことなんじゃ。

ところが子どもの頃に、ここがダメ、あそこが足りないって散々言われ続けてしまうと、自分は足りないところだらけで、それを努力してどうにかしない限り、幸せにもなれなければ、成功もできないって思い込んでしまう。

だがなあ、それはただの思い込みじゃ。

3丁目の角に、確か新しいパン屋さんがあったって思い込んで、実際に行ってみると、そこにはない。「あれ～？　どこだったんだろうなあ」ってよく調べてみたら、4丁目の角の間違いだったってことがあるだろう。それと同じ程度の勘違いじゃ。大したことじゃないんだよ。

そんなもん、深刻にならなくていいんじゃ。

何度も言うようだが、

あなたは大成功するために必要なものは、ぜ～～んぶ持ってるんだよ。

よいか！

全部じゃぞお～～～。

3丁目じゃなくて、4丁目の角だったんだなって思うのと同じレベルじゃ。

カンタンじゃぞ。今日から認識を変えること。

本当は、**「大成功するために必要なものは、全部持っているんだ」ってことを、素直に受け入れればいい、ただそれだけのこと**じゃ。

大成功エネルギーの通りをよくする

「大成功するために必要なものはすべて持っているって思いたいけれど、なかなかそうは思えないんです。神さま、どうしたらいいのでしょう？」だって？

まあ、そういう人もいるかもしれんなあ。これまでそんな力、ないものだと思って何十年もやってきたわけだから。その気持ちも分からんではないぞ。

要するになあ、宇宙とつながっているエネルギーの循環が悪くなってしまっているわけじゃ。本来は大成功に必要なものを全部持っていて、宇宙からも常に光が降り注いでいる。

そして健全な状態であれば、宇宙から降り注いだ光によって養分を吸収した大成功のタネが、歓びをもって花開くようにできておる。それはもう極めて自然な流れなのじゃ。努力して、がんばって花開かせるようなものではない。まあその辺に関しては、後でもっと詳しく説明するけれどもな。

ともかく今は、この大成功エネルギーの滞《とどこお》りをスムーズにしてやればいい。

それも別に難しいことではないぞ。

ということで、特別にエネルギー循環をスムーズにする方法（おまじない）を教えるとしよう。

よいか、毎日寝る前と、朝起きたときにやるのじゃ。

やり方を教えるので、最低1カ月は続けてごらん。


(夜)

①まず、布団に入ったら、深呼吸をゆっくり1回する。

②そして、頭のフタが開いて、そこから白く輝く光が滝のように流れ込み、足元から流れ出していくの

1

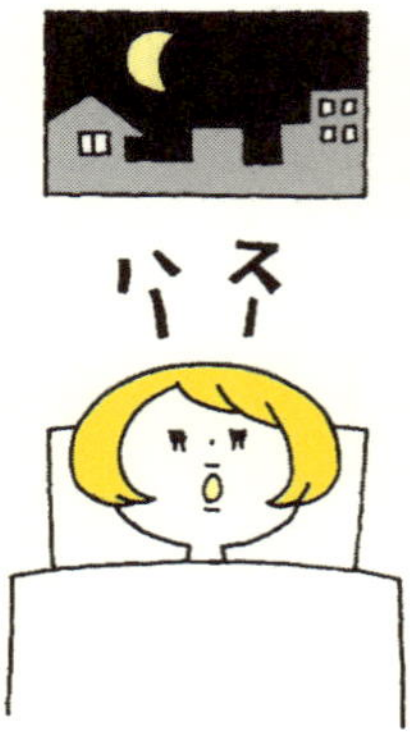

をイメージするのじゃ。最低1分ほどそのままやる。別に時間を正確に計ろうとしなくてもいいぞ。だいたいでよい。

③さらに、光を感じながら心の中で、「私に無限の力が流れ込む」と1回唱える。

④そしてそのまま寝てしまえばいい。

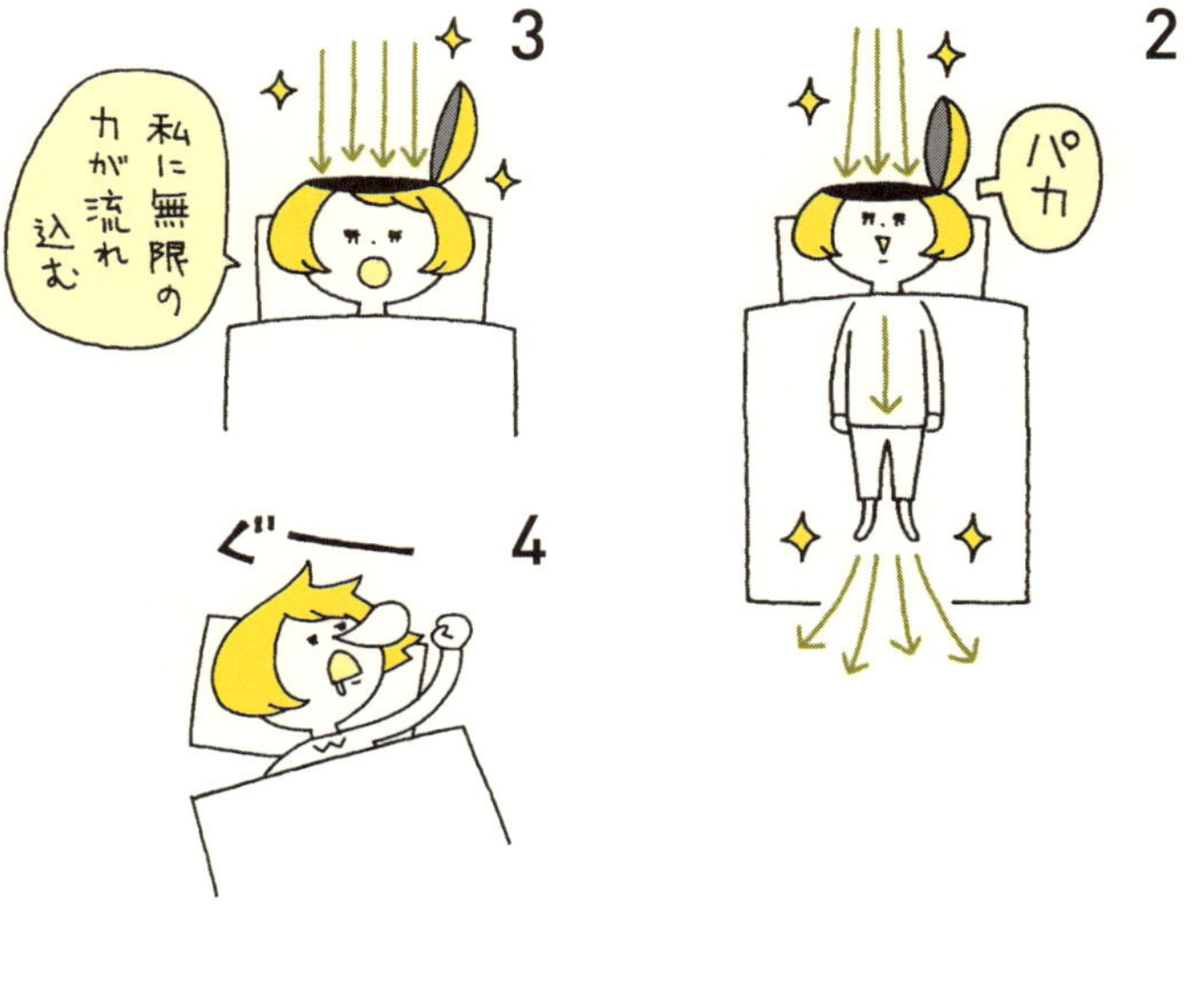

（朝）

⑤目が覚めたら、布団の中に入ったまま、深呼吸をゆっくり1回する。

⑥そして、足元から白く輝く光が、全身を貫いて頭のほうへ噴き上がり、頭のフタがパカッと開いて、そこからその光がものすごい勢いであふれ出るのをイメージするのじゃ。

そうじゃ、夜とは光の流れる方向が逆になるわけじゃな。

⑦さらに、「私の無限の力があふれ出る」と1回唱える。

これだけじゃ。カンタンだろう♪

5

6

寝ている間に、宇宙から無限の力が流れ込んでタネに十分な養分を与え、朝起きたら、今度はその力が三次元のこの世界に向かってあふれ出していく。そういうこっちゃな。それによって滞っていた大成功エネルギーの流れが、スムーズになっていくのじゃ。

こういうことは、遊ぶくらいの感覚で楽しくやったらいい。これをやらないと私は大成功できないとか、深刻になる必要はないぞ。そういうマジメなところもあなたの強みじゃから大事にするといい。

ただ、これに関しては、気楽にやるだけでいいのじゃ。やることを忘れたり、途中で寝てしまっても、それはそれでよし。でもこれをやっていると調子がいいから、毎日やりたくなってしまうんだけどな♪

7

焦るでない、タネは発芽の時を知っている

さて、タネというものは、誰に教えられたわけでもないのに、時が来れば芽を出すようにできておるだろう。土の中で十分に養分を吸収して、ある臨界点に達すると、芽を出すようにできている。

学校に行って、勉強して、誰かに教わって、がんばって芽を出しているわけではない。そんなタネなんて聞いたことがないだろう。

つまり、タネは宇宙の命の流れと完全にシンクロしているわけじゃ。だから誰に教えられたわけでもないのに、ベストタイミングで芽を出せる。それはタネに備わっている叡智《えいち》とも言える。

人間の大成功のタネもそれと同じなんじゃ。ちゃんと養分を吸収する時期が終われば、ベストタイミングで芽を出すようにできている。

ところが人間ときたら、いつになったら芽を出すのだろうと心配して、土の中から

タネをほじくり返すようなことをしてしまいがちじゃ。あなたにもそんな覚えがあるんじゃないか。

「どうにかしなきゃ」って不安に駆られて、やる必要のない余計なことをしたり、「一体、いつになったらうまくいくんだろう」って余計な心配をしたり、

挙句の果てには、「やっぱり自分なんて何をやったってダメなんだ」って勝手に自己卑下したり……。

ぜ～～んぶ土をほじくり返しているのと同じことだぞ。これらのことが、逆効果になっているのを、よ～～く肝に銘じるのじゃ。

焦る必要などない。心配してほじくり返すのではなく、タネを信頼して、養分を吸収しやすい環境を整えておくだけでいいのじゃ。

特に社会的に大きな花を咲かせるようなタネを持って生まれている場合、養分を吸収する時間がたっぷり必要な場合もある。それはそれでとても大事なことであり、そこをおろそかにしたり、急《せ》かしたりすると、せっかくの大輪の花がつぼみのまま落ちてしまうことになりかねない。

だから「これはこれでうまくいっている」と大らかに構え、タネが自然に発芽するときを待っていればいい。

あなたの大成功のタネも、タイミングが来れば、誰に教えられたわけでもないのに、内なる衝動として殻を破ってちゃんと芽を出すようにできている。

実はなあ、**タネを信頼して待てるかどうかが、大成功するために必要なものはすべて持って生まれてくることを理解することの次に、とても重要なことなのじゃ。**

この2つが分かるようになると、大成功もそんなに難しいことではなくなるぞ。

何の花になるか、知らないタネはない

「神さま、私も自分の大成功のタネを大事に育てていきたいです。ですが、私は自分が何をやりたいのか分からないんです。それなのに花を咲かせることなんてできるのでしょうか？」だって？

ハハハ、なかなか面白いことを言うのう。

失礼。笑って悪かったな。だが、あなたの気持ちも分かるぞ。

しかし考えてみてごらん。自分が何の花を咲かせるのか分からないタネなんてあると思うか？

ヒマワリのタネなのに、タンポポの花を咲かせるなんてありえないだろう。タネの中に、何の花を咲かせるかちゃんと宇宙からインプットされているのじゃ。だから心配には及ばん。**あなたのタネにも、どんな花を咲かせるかちゃんとインプットされているということを信頼してほしい。**

ところが**人間は、その「やりたいこと」とやらを探そうとする。**何で探す必要なんてあるんじゃ？　**もともとその人にとって最高の花が咲くようにできているのに。わざわざ外に探しに行かなくたっていい**んじゃよ。

やりたいこと探しっていうのはなあ、残念ながら逆効果なんだなあ。

もともと備わっているものが出やすい環境を整えるだけでいいのに、「やりたいことも見つからない私なんてダメ。こんなことじゃみんなにおいていかれる」ってところから必死にやりたいこと探しをするのは、**心配や不安から行動を起こしていることになる**だろう。そうなると、むしろその心配や不安なことのほうが実現してしまい、ますます何がやりたいのか分からなくなってしまうんじゃ。

さっきも言ったように、**大事なことは「タネを信頼すること」**。

余計な心配をすることは、タネをほじくり返し、生長を阻害することなんだぞ。

どこもおかしくない、何も足りないあなたを、どこかが足りない人間扱いしたら失礼ってもんじゃ。

いいことを教えよう。

あなたが「なあ〜〜んだ。そうだったんだ。やりたいことなんてわざわざ探さなくてもよかったんだ」ってホッと胸をなでおろしたとする。するとどういう気分になる？何だか気持ちが楽になって、「それじゃ、大好きなハーブティーでも淹《い》れて、ベランダでゆっくり飲もう」って気になったりなんかして♪

それだけで何だか今日も幸せだなあって、思えたりする。

それそれ！　それでよいのじゃ。そっちのほうがよっぽどタネにいいってもんじゃ。

そして**その気楽さから、日々を楽しんでいるうちに、私の本当にやりたいことはこれだ！って、わざわざ探さなくても湧き上がってくる**んじゃ。こうして湧き上がってくる「やりたいこと」は、無理して探して見つけたやりたいこととは全然違う。

いつもあなたの胸を震わせ、歓びで輝かせ、あなたをそれに向かって突き動かす原動力になる。好きなことなら、人から見て努力しているように見えることでも、楽にできるというのはこの力が働くからじゃ。

だから、**今はまだ何をやりたいのか分からないという人は、気持ちを楽にして、今この瞬間を歓びで満たすことをやっていけばいい。**

人生のすべての経験がタネの養分になっている

今はまだ、本当にやりたいこととは違うことを仕事にしている場合もあるかもしれない。けれども、**今やっている仕事上の経験が、将来花を咲かせるためには欠かせない養分だったりする**のじゃ。だから、わしが秘《ひそ》かにあなたにそんな経験を積ませている場合もあるんだぞ。

ブラック企業に勤めていて、どんなにひどい待遇であっても、我慢してやり続けろと言っているわけではないぞ。そういうのは別問題。不当にひどい待遇であるならば、まずまともな企業に転職することを考えるべきだろう。そういう極端な話をしているわけではない。

だが、**その経験すらも実は無駄にはならない**のじゃ。

大正時代に高橋是清《これきよ》という名宰相がおった。アメリカ留学時代、彼はなんと騙されて奴隷として売られた経験を持つ。しかしその経験があったからこそ、まだ海外の実情を知る人の少なかった時代に、世界はどういう状況になっているのか、また経済とはどのようにして回っているのかを肌身で味わった。

さらに生きた英語を学ぶことにもつながり、欧米の指導者と対等に英語で渡り合えるようになった。だから国際感覚のある名宰相として大正の日本をけん引していくことができたのじゃ。

人生何がどう転ぶか分からないもんじゃ。わしはそのくらい壮大なスケールであなたに必要なことを学ばせている。どんな経験も必ず何かの役に立つ。しかも社会的に大きなことをするタネを持って生まれてきた人には、幅広い経験をさせることが多い。

だから、**仮に今どんなに不遇に思えたとしても、決して希望を失ってはいけない。自分はそれだけ大きなことができるタネを持って生まれてきたんだと思っていたらいい。そう思えば、ますます養分がタネに吸収されていく。**

そして、その仕事をやっているうちは、どんな仕事でも、一生懸命やることじゃ。

さっきも言ったように、その経験が後で必ず役に立つから、わしはあなたにその仕事を経験させているんじゃよ。それなのに、それをないがしろにしていては、その養分が吸収できなくなってしまう。

人が何と言おうと、一つひとつの仕事を大事にしている人のタネには、養分がたくさん吸収される。

「お前は何てクソマジメなんだ。もうちょっと要領よく手を抜いたらいいのに」って、知らない連中は馬鹿にするかもしれない。

残念でした〜〜〜〜♪　そんなことを言う人のタネには養分が吸収されずに終わってしまうんで〜〜す。なんと遠回りなことか……。

不器用に見えるほど一生懸命なあなただから、タネにいっぱい養分を吸収できるってもんじゃ。自分は損してばかりだと思うことはない。

あなたは素晴らしい。ちゃんと大成功への道を進んできている。その養分がやがて大きな花を咲かせるんじゃ。そのことを信頼し、今日までがんばってきた自分を誇りに思っていいんだぞ。

タネの一番の養分って何？

大成功したいなら、タネが養分を吸収しやすい環境を整えればいいという話をしてきたな。

さて、その一番の養分とは一体何だと思う？

「タネを信頼すること」だって？

確かにそれもそうじゃな。

「余計な心配をしないこと」

素晴らしい。これまでに言ったことをしっかりマスターしているようじゃな。

それもそうなんだが、一番の養分は、思い悩むことと反対のことじゃ。

何だか分かるかな？

そうじゃ！

「歓び」じゃ♪

つまり、**楽しむことが一番の養分になる**というわけじゃ。

あなたが人生を楽しめば楽しむほど、タネに養分が行き渡る。そして強くてたくましい根が張り、丈夫な芽が出るようになる。

「どうして楽しむことが養分になるんですか？」だって？

この本の初めのほうで、「魂の底からやりたいことをやればやるほど大成功するようにできている」って言ったのを覚えているかな？

この**宇宙の本質的な周波数は「至福」でできている。だから「歓び」という周波数であれば、宇宙とも同調するので、恩寵《おんちょう》を受け取りやすくなる**わけじゃな。

つまり、歓びこそがすべての扉を開くカギなのじゃ。

やりたいことだってわざわざ探さなくても、あなたが今、この瞬間を楽しんでいるうちに、「ああそうか！　私はこれをやっているとき、どんなことよりも歓びを感じるんだ」って自動的に気づくように導かれるだろう。探す必要なんてないわけじゃ。

そういうものこそ本物なんじゃ。

逆に心配したり、疑ったりしてしまうと、扉は閉ざされる。それを無理やりこじ開けようと余計なことをしてしまうと、ますますうまくいかなくなってしまうのじゃ。楽しむと言っても、何もすごいことをやろうとしなくてよい。

たとえば、**毎日会社で使っているボールペン一つでも、大好きなものを使う**のじゃ。カタチもデザインも好きなもので、使い心地もよいボールペンを自分のために選んでやることじゃ。そうすれば使うたびに、何だかうれしくなってしまうだろう。

カフェモカを飲むと、いつも心が癒《いや》されるのだとしたら、疲れているときは、お気に入りのカフェに寄って、カフェモカを飲んでから帰ったっていい。

楽しむことにそんなに大金が必要なわけではない。**小さなこと、日常的なことから、自分を慈《いつく》しみ、大事にし、楽しませてやる**ことじゃ。そうすれば、どんどん扉が開いていく。歓びの養分がタネにどんどん吸収されて、タネは順調に育っていく。

「ねばならない」をやめてみる

「ねばならない」を自分に言っているとき、どんな気分がする？

「待ってました！　もっと叱って、もっと厳しくして！」なんていうマニアックなドM人間もいるのかもしれんが、大抵はその逆の気分になってしまうだろう。

息苦しくなって、気分が滅入り、ますますその「ねばならない」をやりたくなくなってしまうのがオチ。

だいたい、「ねばならない」がどこからくるかと言えば、**「義務を果たさない限り、私は生きている価値はない」っていう怖れからきていることがほとんど**じゃ。「怖れ」はタネの養分にはならない。

たとえば掃除をするのでも、

「掃除しなければならない」って言うのと、

「お掃除しようっと♪」って言うのとでは、全然気分が違うだろう。**ウソでもいいから明るく笑ってそう言ってごらん。マジか！って思うほど気分が違うから。**どうしてもやる必要のあることは、こんなふうに言い方を変えるだけでもいい。

だけど、実のところ「ねばならない」と思い込んでいるだけで、実際はそんなことやらなくてすむっていうことも結構多いのじゃ。自分で自分の首を勝手に絞めているようなもんじゃな。

やらなくてもすむことを、「それをやらない限り存在している価値がない」という怖れに強迫されて、無理にやろうとしている状態がタネにいいわけがなかろう！

一度、自分の中の「ねばならない」を見つめ直し、全部リストアップしてみるといい。

それは本当にやる必要のあることなのか？

頼まれもしないのに、勝手に背負い込んではいないか？

誰か他の人にやってもらったり、助けてもらったりすることはできないか？

よ〜〜く自分に聞いてもらいたい。

そして、**できる限り「ねばならない」をやめること**だ。

これはとても大事なことなんだが、

あなたは存在しているだけで、この宇宙に貢献しているんじゃよ。


あなたのような人がこの世界に存在し、体験しているすべてが、この宇宙を豊かに彩《いろど》ってくれているというのが真相じゃ。

何かができたり、何かをしてくれるから価値があるんじゃない。

存在していること自体が価値なんじゃや。

このことも、よ〜〜く覚えておくことじゃ。

さて、タネの一番の養分は歓びだったな。

だとしたら、自分に無理強いしてきた「ねばならない」をやめて、そんなことより楽しいことをすることじゃ。よいな♪

イヤなことはやめる

やりたいことが分からなくても、やりたくないことならはっきりしていないか？

たとえば、会うたびに愚痴ばかり聞かされてうんざりする友達がいたとする。そう思うなら、そういう人とは会わないことにすればいい。

時間的に束縛されるのがイヤだったら、働く日を自分のペースで選べる仕事を探せばいい。

さっき、「ねばらない」は意外にも本当はやらなくてすむことだったりするっていう話をしたけれど、やりたくないことだって、やらなくてすむこともたくさんあるのじゃ。

それを我慢して、人目を気にして、やり続けていないか？

はっきり言うが、そういうの、ぜ〜〜〜んぶいらんから。

何しろタネの一番の養分は「歓び」なんじゃから。

遠慮しとる場合じゃないぞ！

やりたくないことをどんどんやめていけば、エネルギーがちゃ〜〜んと戻ってくる。やりたくないことをやっているときというのは、何しろものすごくエネルギーを消耗している。これは想像以上に大きなロスなんじゃ。

何も一気にすべてのやりたくないことを放棄しようと無理をすることはないぞ。**小さなことからでいいから、一つずつやりたくないことをやめていけばいい。**焦る必要はない。

やめてみると分かる。大したことじゃなかったなって。その通り！　それをやらなくても何とでもなるのじゃ。さらにやりたくないことをやめる弾みもついてくる。

ここで極意を言うと、やりたくないのに、怖れの感情からやめずにいることをやめるほど、タネに養分が吸収されるのじゃ。

つまり、**やりたくないことのうち、やめることに勇気がいることをやめるほどいい**ってこと。

本当はやりたくないことなのに、怖れからやめずにいることで、どれだけのエネルギーが奪われていると思う？

それをやめたらどれだけエネルギーが戻ってくることか……。そして戻ってきたエネルギーは、楽しいことやうれしいことにどんどん使うこともできる。

エネルギーを楽しいことやうれしいことに使えば使うほど、もっと楽しいことやうれしいことにエネルギーを使う弾みがついてくる。こうして人生が歓びでいっぱいになっていくんじゃ。


タネを植えたら、タネに養分が行き渡るように雑草を抜いてやったりするだろう。

それと同じで、**「やりたくないこと」「ねばならない」っていう雑草も抜いてやるのじゃ。**

そうすれば、タネは養分を吸収して、すくすく育っていくというもんじゃ。

才能を開花させる魔法の言葉

タネを育てるもう一つの大事な養分がある。

それは**自分を天才だって認めること**じゃ。

「え〜〜〜っ？　天才って、何十万人に一人いるかいないかじゃないんですか？」

「私のどこが天才なんですか？」だって？

何を言っておるのじゃ。天才の本当の意味を知らんようじゃな。

天才とは読んで字のごとく、「天から才能を授《さず》かっている人」という意味じゃ。

最初に言ったことを忘れてしまったのか？

どんな人もみんな大成功するために必要な才能を持って生まれてきたって言っただろう。

だから、**すべての人が本質的には天才なのじゃ。ただそのタネを発芽させられる人と、そうではない人がいるだけのこと。**芽を出せない人は、自分のことを、ダメ人間だと勘違いしておる。「ダメダメ」は「歓び」とは真逆の周波数だからな。

ということは何かにつけて**「私って天才♪」**って思っているおめでたい人のタネほどよく育つということじゃ。分かりやすい話じゃ。

もうその辺に関しては、ごちゃごちゃ条件づけしてる場合じゃないぞ。

寝坊して、「ひえ〜〜〜、遅刻しちゃう」って思ったのに、ちゃんと出社時間ギリギリにタイムカードを押してセーフ！っていう程度のことでも、この際、天才扱いしてよいのじゃ。

テレビのメロドラマを見て、思わず涙ぐんでしまったら、「あ〜ら、私ったら感受性の豊かさの天才ね。女優になれるかも」って思うくらいでちょうどよい。

「ダメじゃないか！」って自分に言うよりも、少なくとも1万倍はいいぞ。

「私って天才♪」って心の中で叫ぶたびに、実は才能の扉が開くのじゃ。

あなたの才能は一つだけだと思ったら大間違い！　あなたにはまだまだたくさんの才能がある。その**才能を開花させる魔法の言葉が、「私って天才♪」**なのじゃ。

この言葉を何かにつけて言い続けていると、様々な才能が開いてくる。

会社にギリギリセーフで間に合ったことを「私って天才♪」って言ってあげられたなら、集中力、段取りのよさ、無駄なことは切り捨てる思い切りのよさなどの才能も開くわけじゃな。

メロドラマを見て、涙ぐむ自分の感受性を「私って天才♪」って思える人は、本当に人の気持ちに寄り添える感受性がどんどん開いていくのじゃ。そして、「何だか分からないけれど、あなたの側《そば》にいるだけで癒されるわ」なんて言われちゃったりして、ヒーリングの才能まで開花していったりする。

なあ、馬鹿にしたもんじゃないだろう。

ただこれにはポイントがあるのじゃ。

「魂を込めて本気でそう思うこと」

言霊《ことだま》という言葉があるが、魂を込めるとまさに言葉に魂が宿り、本当に言葉が力を持つようになる。だから口先だけで言うのではなく、心からそう言うことじゃ。

こうしてどんどん才能を開いていけば、それが自然につながって、あなたにしか表現できないことがだんだんカタチになってくる。その瞬間、芽が出るのじゃ。まさに感動の瞬間じゃ。

その瞬間まで、気楽に「私って天才♪」っていう言葉の水やりを欠かさずやっていればいいのじゃ。

宇宙とつながるゲームを楽しむ

タネは宇宙の命の流れとシンクロしているので、放っておいてもベストタイミングで発芽する。ということは、人間も宇宙の命の流れとシンクロするようにすれば、ますますよいわけじゃ。

「そう言われても、どうやって宇宙とつながればいいんですか？」だって？

あのなあ、あなたたちはみんな最初から宇宙とつながっているんじゃよ。一度も切り離されたことなんてない。もし切り離されているのだとしたら、あなたに命はない。

今、こうして生きているということは、既に宇宙とつながっている証拠なのじゃ。

ただ、そのつながりがいい状態と悪い状態があるだけのこと。

ところで、エレベーターが４基ある場所で、４基のうちどのエレベーターが最初に来るか、ピンとくることってないか？

「何か知らないけど、これが来る！」

そう思ったら、本当にそのエレベーターが来て、ビックリしたことがあると思うんだが、宇宙とつながっているときっていうのは、そういう感覚のときなんじゃ。

別な言い方をするとカンが冴《さ》えているときは、宇宙とシンクロしているということ。

では、カンは一体どういうときに冴えるのか？

それは**「考えていないとき」**じゃ！

なぁ～～～んも考えていないときは、思考という邪魔が入らなくなるので、宇宙とのつながりがよくなるわけだな。

しかしあれじゃないか？　考えるなって言われるとますます考えたりなんかして。しまいには、「考えるな」ってことを考えたりして、わけが分からん混乱状態になることもあるんじゃないか？

だからいいのじゃ。考えないようにしようとしなくても。その代わりに遊びを導入するのじゃ。

さっきの例のように、エレベーターが何基もあるような場所に行ったら、どのエレベーターが最初に来るのか当てっこをして楽しむ。

エレベーターに限らず、何にでも応用できるぞ。初対面の人がメガネをかけているかどうか、何となくピンとくるほうを予想するのでもいい。

ゲーム、ゲーム。ただの遊びじゃ。楽しめばいい♪

そうやって遊んでいるうちに、予想した時点で、当たるかどうかが分かってくる。それはカンが冴えている状態がどういう状態なのか感覚的に分かってくるからじゃ。

何となく頭の中に濁《にご》りがある状態だと、予測してもこれは外れるなって分かる。

反対に当たるときは、根拠もなく当たると分かる。それはもう確信に近い。それだけクリアな状態が感覚的につかめた証拠だ。

そうなったら、**何かを決断するときにも、どっちが宇宙とつながっている選択で、どっちが怖れや不安に根差しているエゴの選択なのかも瞬時に分かるようになる。**

そして**宇宙の命の流れに従う選択ができるようになっていく**わけじゃ。

まずはこうしてゲームをしながら、宇宙とシンクロできる体質になっていけばいい。

自己否定エネルギーは清算できる

人間とは関係性の生き物だからなあ。せっかくいい感じで楽しくやっていても、心ない言葉を投げつけられて、落ち込んでしまうこともあるだろう。

気にすることないよって自分に言っても、どうしても気が滅入ることもあるだろう。そういうとき、エネルギーはどういう状態になっていると思う？

たとえば「お前は何て要領が悪いんだ！　アッタマ悪いよな！」って言われて落ち込んでいたとする。このとき、言われたあなたは、相手が投げつけた「頭が悪い」という言葉のエネルギーを受け取っている状態になっている。だから傷つけられたという感覚になるわけじゃな。

もしも自分は別に頭が悪くないし、素晴らしい人間なんだって心から思えていたら、相手にそんなことを言われても、別に気にはならない。あいつがそう思っているだけのことだってスルーできる。だけどすごく気になって悲しくなったり、怒りがこみ上げてきたりしたら、別な言い方をすると**その言葉を真に受けている**わけじゃな。**だから苦しくなる**のじゃ。

ということは、**受け取ってしまったそのエネルギーを相手に返してしまえばいい**のじゃ。そんなものを受け取る必要はないから。

逆に本来自分のものである正当な権利を取り戻せばいいのじゃ。それを**「エネルギー清算」**という。

このエネルギー清算のすべてのプロセスにおいて、

必ず宇宙にサポートを要請することじゃ。

宇宙は清算が円滑に行われるようにしっかりサポートしてくれるし、場も浄化してくれるので、格段に効果が上がる。

どうやってエネルギーを清算するかというと、**まず自分が受け取る必要のない“何”を受け取ったのかをはっきりさせること**じゃ。

この場合であれば、「侮辱」とか「無能」というエネルギーを受け取っている。

そのことを明確にできたら、自分の全身からそのエネルギーを取り出すと意識して、つま先から頭に向かって両腕を使ってエネルギーを取り出し、「○○さんから受け取った侮辱をお返しします」と言って相手に向かってそのエネルギーを返す動作をする。返すときは怒りに任せて返すのではなく、落ち着いて、かつ、しっかりと意識をして返す。

そして今度はあなたが相手に明け渡してしまった「自信」や「自己価値」「尊厳」などを明確に意識して、「私の自信を取り戻します」などと言いながら、両腕を使って相手から自分の胸に向かってエネルギーを取り戻す動きをすればいい。

エネルギーを相手に返しても、それによって相手がダメージを受けるわけではない。もともと相手のものだったエネルギーが戻っていくだけのことじゃ。

こうして、無駄に動揺していると気づいたときにエネルギー清算をすれば、落ち込むことに使っていたエネルギーも、「歓び」という、タネにとっての養分になることに使えるようになるのじゃ。

チューリップがタンポポになる必要はない

自分はそもそも大成功するために必要なものはすべて持っていることを信頼し、エネルギーの循環をよくするおまじない（23ページの項参照）も取り入れ、「ねばならない」も「やりたくないこと」も極力やめて、とにかくどんどん楽しむ。

ゲームをしながら宇宙とのつながりもよくなり、何かあってもエネルギー清算をして、いつでも本来の自分に戻る。

ここまで教えたことを行動に移していくと、タネには養分が十分に行き渡るようになる。すると、探したわけでもないのに、自分の人生にどんな花が咲くのかが分かってくる。

それは今までの常識から考えると、突拍子もないことであったり、そんなことをやっている人なんて、聞いたことないってことだったりもする。

いいかな、ここからとても大事なことを言うぞ。

あなたたちは、「これが成功だ」というステレオタイプの価値観をずいぶんと刷り込まれてきた。テレビをつけても、雑誌を見ても、「これこそが成功者」ともてはやす。

そしてそれが成功というものかと思ったあなたたちは、**自分に合わない成功のカタチを自分に強要してきた。**その**成功のカタチにはいくつもの条件があって、それを満たさない限り成功とは言えないし、幸せにもなれないと勘違いしてきた**のじゃ。そのせいで自分を卑下したり、無駄に失望したり、ずいぶんとつらい思いをしてきたことが分かっているかな？

成功のカタチは人によって全然違う。チューリップがタンポポになる必要はないのじゃ。もしも、ここまで教えてきたことをやった結果、自分にとっては、社会に出て何か仕事をすることではなく、温かい家庭を築いて、家族にいっぱい愛を注ぐことが成功だと気づいたら、それでいいのじゃ。それもとても素晴らしい成功のカタチじゃ。

別に有名になったり、億万長者にならなくても、その人はそれで十分に幸せだし、その人生も大成功と言えるのじゃ。
よいか！　決して惑わされるでない。
あなた自身が魂の底から咲かせたいと思う花を咲かせればいい。

あなたが芯から満たされる生き方こそが成功じゃ。

億万長者になっても、有名人になっても、それによってかえって不幸になることもある。逆に、無名の人であっても、普通に暮らせるだけのそこそこの収入だったとしても、心から幸せということはありうるのじゃ。その人の人生は大成功と言えるんじゃ。

もう一度、どういう瞬間に魂が最高の歓びを感じるのか、自分によく聞くことじゃ。
あなたには、そんな最高の歓びにあふれた人生を生きるだけの力が備わっている。
そのことを信頼し、信じた道を進むことじゃ。

CHAPTER

1

まとめ

● 誰もがみな、大成功するためのタネを持って生まれてくる

● 「やりたいこと」は探すのではなく、自分と宇宙を信頼することで湧き上がってくる

● 今のつらい状況も、花を咲かせるための養分になる

● 「歓び」を感じることが大成功への近道

● 自己否定エネルギーはすぐに清算できる

CHAPTER

2

神さま、自分には才能もセンスもありません！

ステレオタイプの大成功なんて捨てる

タネに十分に養分を与えられるようになってきて、これをやっていると本当に楽しいということも分かってきて、できるなら、その楽しいことで、大成功したいという気持ちにもなってきたら、土台はできた。

しかしそこから本当の大成功をおさめるためには、捨てる必要のあるものがあるのじゃ。

それは何か……。

それは、**あなたの中にある執着**じゃ。

これが手に入らない限り、幸せになれない。

これが実現しない限り、成功とは言えない。

そういうもののことだ。

どうじゃ？　あなたの中にどうしてもそれにこだわってしまい、のどから手どころか、全身が出るほど、手に入れたくてしかたがないものってあるか？

よ〜く自分に聞いてごらん。

いつもそれが手に入っている人と比べては、「自分なんてダメだ」って落ち込んだり、自分を責めたりしてこなかったか？

それでやる気が出ただろうか？

そうじゃないだろう。やる気なんて全く出ない。そりゃそうじゃ。自分を否定するような気分になっていては、やる気なんて出るわけがない。それなのに、それに向かって頭が考えた努力をしない自分をますます責めたりしてこなかったか？　こうなったらさらに逆効果じゃ。

タネの一番の養分は「歓び」だったな。その真逆の状態になっていたことが分かるかな？

そういう執着に囚《とら》われることで、いかに大成功ができない状態になっていたか、ここではっきりと認識すること。そして、これから幸せで長続きする大成功への第一歩をいよいよ踏み出そうとしている今こそ、それを手放すことじゃ。

本当のことを言うと、**あなたがそれを手に入れられなかったのは、実力や努力が足りなかったからではない。執着しすぎてエネルギーダウンしていたから**じゃ。**手に入れたいと願ってきたものを、手に入れられるだけの力はちゃんと宇宙から授かっているんだよ。**そのことを信じて、歓びという養分を与え続けていけば、放っておいてもうまくいくようにできているのじゃ。

タネは、自分で発芽の時期や開花の時期を選んでいるわけではない。それらすべてを宇宙にお任せし、宇宙の命の流れのままにしているから、放っておいてもちゃんと花が咲くのじゃ。

人間もそれと同じ。執着を手放し、宇宙の命の流れのままでいれば、自動的に最善のタイミングでブレイクし、ちゃんとその人ならではの美しい花を咲かせられるようにできている。

大事なことはその邪魔をしないこと。邪魔の中でも一番厄介な邪魔が、この執着なのじゃ。それをしっかりと肝に銘じて、手放すのじゃ。

執着を手放す儀式

「私が今までどうしてもこうならなきゃイヤって思っていたことを、手放せですって?」「そんなことしたら、私が願ってきたことは、もう絶対に実現しなくなってしまいます」「絶対にイヤ~~~」だって?

もう、逆だって言っただろう。大事なことだから何度でも言うぞ。

執着するからかえって実現しないのじゃ。**それがない限り幸せになれないという怖れを握りしめている状態**だということが分かるかな? **怖れを握りしめていたら、怖れていることが実現してしまう。**大成功の一番の養分である歓びではなく怖れに支配されている状態なんじゃよ。その状態では、なかなか幸せで長続きする大成功をおさめることはできない。

わしはあなたを、幸せで長続きする大成功ができるように導いているんじゃ。そのことをよ~~~く理解してほしいなあ。

執着を手放した上で、歓びから夢見るならいくらでも夢見ればいい。それだったら全然問題ないし、どんどん行動できて、自然に手に入れることができるから。

それではこれから、執着の手放し方をお教えするとしよう。準備はよいか?

まず、自分には一体どういう執着があるのか、ノートでも紙でも何にでもいいから、全部書き出すのじゃ。たとえば、こんな感じじゃ。

- 素敵なパートナーがいない限り幸せになれない
- 年収1000万円以上にならないと成功とは言えない
- 豪邸に住んで、外車を乗り回さないと成功者ではない
- 有名人にならない限り成功とは言えない
- 著名人とたくさん友達にならない限り成功とは言えない
- 年より若く見えないとセレブとは言えない

・ブランド品を持っていないとセレブとは言えない
・一流大学を出ていないと成功できない
・美人やイケメンにならないとダメ
・みんなから愛されていないとダメ
・何冊も本を出していないと成功しているとは言えない
・イベントや講演会が速攻で満席にならないとダメ

などなど…………。

あなた自身によく聞いて、洗いざらい書き出し、今日という今日は執着と決別すると決める。そして、その紙をビリビリに破いて、ゴミ箱に捨てるのじゃ。

よいか？　これはとても重要な儀式じゃ。**これを本気でできるかどうかで、あなたが大成功するかどうかが決まると言っても過言ではない。**だから心してやるのだぞ。

大成功ビームを出す

何度も言うようだが、あなたにはちゃんと大成功できるだけの力が備わっている。

そんな力を発揮している人には、ある共通点がある。

それは何だと思う？

芸能界で活躍しているタレントを見てごらん。売れているタレントは、みんな個性のエッジが立っている。誰でもないその人らしさを前面に出している。ウソくさい心にもないことを言っているタレントよりも、毒舌でも本人が思っていることを正直に言っているタレントのほうが売れているだろう。ハゲを売りにしてブレイクした芸人もいるくらいだ。彼らは自分の強みはこの個性だって分かっている。

つまり、

大成功の極意は、ありのままの自分で勝負するということなんじゃ。

あなた以外の何者にもなろうとしなくてよい。

「こういう人間にならないといけない」という、人から刷り込まれた価値観に翻弄されているうちは、大成功はとても難しいことのように思えるかもしれない。

でも、非の打ちどころのない人間なんて本当に魅力的か？

どうじゃ？

一緒にいて楽しいか？

窮屈じゃないか？

何でも話せる気がするか？

そもそも非の打ちどころのない人間なんて、絵に描いた餅みたいなもんで、存在しないのじゃ。あなたにはそう見えても、本人は自分の足が臭すぎて、人前では靴を脱げなかったりするのだぞ。でもそういうことはひた隠しにして生きているだけじゃ。

それよりも**ドジでも、ブサイクでも、そのままの自分をカッコつけずに表現し、思うままに生きている人間のほうが、よっぽど面白い**。そういう人とこそ話してみたいと思うし、一緒にいるとこっちまで元気になってしまうのじゃ。

彼らの内側からは見えない光が出ている。その特殊な光を大成功ビームと言うんだが、これが出るようになると、その輝きが人を惹《ひ》きつけて、人気者になり、ブレイクしてしまうのじゃ。

だから、「こういう人間にならない限り成功者とは言えない」とか、「これが手に入らない限り、幸せになれない」という執着を手放したら、次にやることは、

「この私で生きていく」って決意すること。

この私だから、面白いんだ。

この私だから、他の誰にも出せない魅力が出せるんだ。

できることもできないことも全部ひっくるめて才能なんだと認めることじゃ。

どうじゃ？　大成功ビームが出せそうか？

考えてみたら何も難しいことじゃないな。

何しろそのままの自分でいいんだから。

「一番歓びを感じること」を核にする

大成功するのは、実はそんなに難しいことではない。

極論すると、好きなことをして、好きなように生きることを徹底的にやれば、タネは芽を出し、大きく育っていく。

たとえばあなたが、これまで教えてきたようにタネに養分を与えてきた結果、自分が本当に魂の底から楽しいと思う瞬間が、おいしいパンを食べている瞬間だと気づいたとする。

「あ〜あ、私なんてただの食いしん坊じゃん。別に大食いできるわけでもないしさあ。パンを食べることで、どうやって大成功できるっていうのよ」って侮《あなど》ることなかれ。

もしもおいしいパンを食べているときに、この上なく幸せを感じるなら、そこからいくらでも、花を咲かせる道が開けるのじゃ。

まずおいしさにこだわるなら、パンの職人になってパン屋さんを開くという道もある。

自分で作るのではなく、お店で売っているパンを味わうこと自体が好きなのだとしたら、世の中でおいしいと言われているパンを全国食べ歩き、その特徴を一つひとつ丹念に調べ、おいしいパンに精通する専門家になればいい。パンの情報をＳＮＳ（ソーシャル・ネットワーキング・サービス）でどんどん発信しているうちに、雑誌への寄稿を依頼されたり、本を出さないかという話が来たりする場合もある。さらにはテレビの情報番組で、パン専門のコメンテーターとして話してほしいと依頼されることもあるだろう。

あるいは、おいしいパンを中心にしたカフェを経営してもいい。パンのおいしい食べ方を研究して、それをメニューにすれば、そんな食べ方があったのかと評判の店になるだろう。今は起業するための資金援助をしてくれるところは銀行、信用金庫、商工会、商店会などいろいろある。店の企画をしっかり作ってプレゼンすれば、資金を援助してくれるかもしれない。

おいしいパンを食べるのがこの上なく好きということから、こんなふうにいろんな花を咲かせることができる。これらの中から一番やってみたいことを追求していくこともできるし、全部をやることだってできる。

要は、あなたがどんなときに一番楽しいって思うかなんだな。

どうすれば一番お金が入ってくるかではなく、どうすればあなたが一番楽しいと感じられるか。そこに徹底的にこだわり、それをやり続けていくことじゃ。

だから、今それを仕事にしている人がいなかったとしても、「一番幸せを感じること」を決して馬鹿にしないこと。その延長線上に、ちゃんとあなたが大成功するシナリオがある。

今の時代は、好きなものの専門家として突出できる様々な情報発信ツールがある。ブログでも、フェイスブックでも、ツイッターでも、インスタグラムでも。もしくは、その全部を活用して、あなたらしい発信をして、注目されるようになることは昔よりはずいぶんとカンタンだ。

人生の軸はスケッチブックにデカデカと書く

ブレイクというものは、ある日突然やってくる。それはこっちでコントロールしようとしてできることじゃない。宇宙のタイミングで起こるからじゃ。

たとえばカウンセラーをやっていたとして、それまではお客さんが来ても月に5人くらいだったのが、ブレイクポイントを超えると、突然1日に5人も申し込みが入ったりする。

すると、動転したその人は、本来は1日に5人なんて無理なのに、お客さんを逃すまいと夜遅くまで予約を詰め込んだりする。それによって休むこともできなくなり、体調を崩してしまうことだってある。

それどころか、悪いコンディションで無理にカウンセリングしたことで質が低下し、ガッカリしたお客さんは二度と来なくなる。せっかくブレイクしたと思ったのに、ブームが一時的なもので終わってしまうことすらある。

ラーメン屋の経営などでも同じようなことが起こる場合があるぞ。ブレイクしたことに調子づいて、店を任せられるだけの人材も育っていないのに、やみくもに店舗を増やし、それによって味が落ちて一気にお客さんが離れ、つぶれてしまうのじゃ。

だから、今のうちに、**指針となる軸をしっかり作っておく必要がある**のじゃ。

これをやっておけば、**ある日突然ブレイクしても、それに翻弄されることなく、大事なことが何なのかを見失わず、しっかり自分のペースを守り、質の維持向上もできるようになる**のじゃ。

軸というのは、何のためにこの仕事をやっているのか、何が自分にとって最高の歓びなのかという基本的なことだけでなく、どういう仕事のスタイルであれば、ベストコンディションでいられるか、さらには、仕事以外の生活をどんなふうに送れたら、人生が充実するのかもすべて含まれる。

仕事だけでなく、あらゆる側面で充実していることは、テーブルの脚4本全部がしっかりしているのと同じことなんじゃ。そうなると、テーブルが安定するように、大成功もしっかりと安定するようになる。

その軸を固めるために、ぜひスケッチブックと筆ペンか太字のサインペンを用意してもらいたい。

「何でスケッチブックなんて用意するんですか？　絵を描くわけでもないのに」だって？

別に絵を描いてもらってもいいんだが、それにはちゃんと理由があるのじゃ。

でっかいスケッチブックに、でっかい字でのびのび書くだけで、そもそも備わっている大成功のための力も勢いづいて表に出てきやすくなるのじゃ。

小さなノートに、チマチマ書いていると、気持ちまで萎縮《いしゅく》してしまう。これから大成功しようとしているのに、最初から縮こまっていたらどうしようもなかろう。だからスケッチブックにデカデカとどんな人生を送りたいのか自由に書きなぐるのじゃ。

スケッチブックの大きさは最低でもB4サイズ。A3サイズだっていいぞ。紙はそんなに厚くなくても構わない。練習用のスケッチブックで十分。

そして文字を書くときには、筆ペンや太字のサインペンを使って、最低でも3センチ四方くらいの大きな文字で書く。大事な言葉だと思ったら、そのページいっぱいにデカデカと書くと気持ちいいぞ。

試しに一度、紙面いっぱいに、

「私は、大成功する」と書いてごらん。

何か、本当にこりゃ大成功すること間違いなしだなって気になってくる。

文字だけでなく、絵や図が描きたくなったら、もちろんどんどん描いて構わない。

とにかく楽しく、エネルギッシュに、自由に書くことがポイントじゃ。

ここから先はどんなことを書いたらいいか、各項で説明していくとしよう。

「私にとっての最高の歓び」とは？

何よりも大事なことは、あなたの魂の歓びを、人生を通してどこまでも追求することじゃ。

それが大成功のエンジンになり、あなたをグングン押し上げていく。これをないがしろにし始めると、足元がぐらついて、転落することさえある。

歓びのためにやっていたはずが、地位や名声を得ることが目的にすり替わることもあれば、自分のやりたいことではなく人の期待に応えることや、金儲け目当てで集まってくる連中の道具にされてしまうこともある。そうなるとだんだん歓びは感じられず、葛藤《かっとう》し、苦しむようになってしまう。

つまり **「私にとっての最高の歓び」とは、あなたがどんなときも最も大事にしなければならない原点とも言うべきものであり、あなたを支える柱であり、あなたを導く**

羅針盤である。

だから、あなたがその仕事をしたいと思うのは、どんな魂の歓びを感じるからなのかということは、極めて重要なことじゃ。

これに関しては、じっくり時間をかけて見つめてほしい。

たとえば花屋さんになりたい人がいたとする。その人は、花と一緒にいるだけで何よりも癒され、くつろげる。この世にこんなにも不思議で美しいものがあることが、自分にとっては最大の神秘だ。その神秘にいつも触れていられることが最高の歓びだという場合もあるだろうし、その神秘を美的に演出することが最高の歓びだという場合もあるだろう。

あるいは、花を愛する人たちに、花のある豊かな生活を楽しんでほしい、花と人の素敵なご縁を結べることが自分にとっての最高の歓びだという場合もあるだろう。

同じ職業だったとしても、その人にとっての最高の歓びは違う。しかもそれが一つだけではなく、いくつもある場合だってある。

さて、あなたにとっての魂の最高の歓びとは何なのか？

それをとにかく思いつく限り、スケッチブックに書きなぐるのじゃ。**どんなものが出てきても、決して否定したり裁いたりせず、とにかくすべて書いてみる。一度書いて、また次の日も見つめ直す。そうして本当に何も出てこなくなるまで書く。**

すると、ある瞬間、「私にとっての最高の歓びはこれだ！」というものにぶち当たる！

その瞬間に魂が震えるのがはっきり分かる。それはとても感動的な瞬間だ。

これがはっきりしたら、新しいページを開いて、紙面いっぱいに大きく書く。

文字だけでなく、カラーのサインペンで周りを素敵に縁取ったり、実際に歓んでいる自分を絵に描いたっていい。とにかくそのページを見るたびに歓びがあふれ出て、「そうだ！　そうだ！　これこれ♪」って魂の歓びが湧きたつように楽しんで書けばいい。

この先、**仕事を実際にやり始め、重要な決断をしなければならないときや、迷いが生じたときは、何度でもここに戻ること。そしてまた必ずここから出発すること。**

ここに軸足がある限り、大成功のルートから外れることは決してない。

最高の歓びを味わうために、何をやりたいのか？

「私にとっての最高の歓び」とはこれだ！というのは分かった。

ならば次は、その歓びを味わうために、自分はどんなことをしていきたいと思うのか？

それも同じように、スケッチブックにとにかく思いつくことをどんどん書きなぐる。考え込んでしまうと次第に字が小さくなっていくので、あえて大きな文字で書き続ける。「こんなこと自分なんかにできるのかな」とか、「この時代にこれをやることは無理」だとか、そういう制限を一切加えないこと。

仮にそれが22世紀にならないと実現しないようなことでも、やりたいなら遠慮なく書く。

むしろそういう突拍子もないことこそ、力を持っている。そんな発想が、やりたいことがどんどんあふれ出す起爆剤になることも少なくない。

できるか、できないかなんて関係ないのじゃ。

やりたいかどうか、実現させてみたいかどうか、その一点にのみ意識を向けて、あなたの中から湧き上がってくるものをすべて書き出すのじゃ。

不思議なもので、何でも書き出しているうちに、発想がどんどん広がってくる。一つの発想が次の発想を生み、それがどんどん積み重なって、とてつもなく素晴らしいビジョンが展開し始める。

さっきの花屋さんになりたい人を例にしてみよう。花の神秘に触れることが最大の歓びだったその人は、たとえば、花を栽培している農家を全国あちこち訪ねて回り、普通の花屋では売っていないような品種も仕入れられるルートを開きたいという気持ちが湧き上がってきた。

すると今度は、お店にただ花を並べるだけでなく、花の持つ神秘的な力を感じてもらうミニワークショップを開催したいと思いつく。

そこから、じゃあ小さなカフェを併設した花屋にして、そのカフェで、花に関するいろいろなミニワークショップを隔週で開催してみるのも面白いというアイディアが湧き上がる。

そうなると、自分だけではなく、花を使ったアートを教えているあの先生を呼んでもいいんじゃないかとか、詩人を講師に招き、花をテーマにした大好きな人への愛の言葉を詩にして花束と一緒に贈るというイベントを、バレンタインデーに向けて開いてもいいかもしれないとか、次から次へと楽しいことを思いつく。

大事なことは、何度も言うようだが、あなた自身が楽しくてたまらないことをすることだ。花屋だったらこうあるべきだとか、そういうワクは取り払っていい。

もしも、**あなた自身が楽しくて楽しくてたまらないのだとしたら、あなたからは大成功ビームが強烈に放たれる**。そうなると、何となく花屋を通りかかっただけの人もその光に撃ち抜かれる。今まで花なんて買ったことがなかったのに、この店に来ると、誰かのために、あるいは自分のために花を買いたくなってしまう。

なぜなら、その人も魂を震わせるほどの歓びで人生を生きてみたいのだ。花を通してあなたの波動がその人の魂を触発してしまうから、人はそこに惹かれて集まってしまうのじゃ。

どうじゃ？
あなたは魂を震わせるどんなことがしてみたい？
今はまだ誰もやっていないことだっていいのじゃ。
さあ、スケッチブックいっぱいに、いくらでも思いつく限り書きなぐってごらん。

どんな仕事のスタイルがいい？

自分にとっての最高の歓びが何であり、そのためにどんなことをやっていきたいのか。この2つは大成功のための最も重要な二本柱だ。

今度は、**それをどんな仕事のスタイルでやっていきたいのかも決めていこう。**

会社に勤めて、その中でみんなと力を合わせてやっていきたい人もいれば、独立して自営業でやったほうが、自由にできていいという人もいるだろう。あるいは起業して自分が社長になって、人を使ってやっていくほうが面白いと感じる人もいるだろう。

会社勤めは拘束時間も長いし、上司や部下がいて、何でも思うままにできないところもあるが、組織に守られている。すべての責任がのしかかることもないし、自分の担当すること以外は別の部署の人がやってくれるよさもある。それに仲間もいるので、寂しくない。

自営業はすべてを自分の意志で決めて進めていけるので、とても自由度が高い。けれども、すべてを一人でこなさなければならない。事前準備、ＰＲ、実際の事業遂行、後始末、経費の計算……。誰かに手伝ってもらうこともできるが、すべての責任を一人で背負うことになる覚悟が必要だ。しかしそれは同時に、自分がやったことの手応えを最もダイレクトに味わうことができるというよさでもある。

起業して人を使うとなると、自分が苦手なことはそれを得意とする従業員にやってもらうことができ、やりたいことに集中しやすいだろう。また優秀なスタッフを揃えることができれば、大きな事業を効率的に推進することもできる。

ただ、従業員を抱える分、彼らの生活を保障する責任が発生するし、経営者であるならば、常に全体を見渡す緊張感を伴うことになるだろう。

それぞれの選択肢にメリットとデメリットがある。どのスタイルでも、それが自分に合っていて、力が発揮できるなら大成功はできるんじゃ。

会社勤めをするにしても、自営業でやるにしても、起業して会社経営をするにしても、いろいろな可能性がある。その中で最善の環境を与えられたと仮定して、選んでみる。

会社での人間関係がイヤだという人もいるが、もしもとてもいい同僚や上司に恵まれ、やりたいことをやらせてもらえて、給料もしっかりもらえるなら、会社に勤めていたいと思う人は、会社勤めが向いている。そんなことはありえないと思うかもしれないが、タネに歓びという養分を与え続けられるなら、そんな会社への転職や、栄転や昇進もありうるのじゃ。

たとえそうだとしても、やっぱり自分の持って生まれた才能をとことん自由に発揮して、どこまでいけるのか試してみたいという人は、独立したほうが力を発揮できる人だ。

もしも迷うようなら、実際にそれぞれの立場で仕事をしたときに、どんな感じがするのか想像して、スケッチブックに自由に書き出してみるといい。

そうすれば、どの仕事のスタイルが一番自分に合っているのかが分かるだろう。

どんな1日を過ごし、どんな1年にしたい？

さて、**仕事のスタイルが決まったら、自分が一番力を発揮しやすい過ごし方も決めてしまおう**。

何時に仕事を始めて、何時に終わるのか？
それとも、全くのフレックスなのか？
気が向いたときだけ仕事をするのか？
休みはいつとるのか？
1カ月のうち、何日くらい働きたいのか？
何でもいいぞ。何でも許されるとしたら、どうしたいのか、自由に決めてみる。

世の中にはなあ、週休5日制の人だっているんだぞ。仕事は週のうち2日やったりやらなかったり。でもその2日間で、必要な収入を稼いでいる人もいる。

中には、自分にとって最高の歓びを追求できるなら、特に休みなんて設けなくてもどうでもいいという人もいる。そういう人にとっては、それは仕事ではなく、純粋な魂の歓びなんじゃ。

それから、自分はいろいろな面白い体験をしたり、世界中を旅行することで見聞を広め、それによって仕事もさらに発展させていきたいという人もいる。そういう人は1カ月仕事を休んだりすることもあるし、1年間休業してひたすらインプットするということもある。

まあ、人それぞれというわけだな。

なぜこういうことを決めておくかというと、前にも言ったように、突然ブレイクしたときに、動転してペースを崩し、自分にとって一番力を発揮できる仕事時間から逸脱することがあるからじゃ。だから**自分にとってどういうペースで仕事をすると、さらに面白い仕事ができ、歓びを感じ続けることができるのかをはっきりさせておく**といいわけだな。

これに関して遠慮はいらない。常識がどうとか、そんなことできるわけがないとかはどうでもよい。

とにかくあなたにとってベストなコンディションを保つためには、どんな1日、どんな1週間、どんな1年であればいいのかにこだわって、自分に正直に決めていい。

この世界は、あなたにどこまでも力を発揮してもらって、素晴らしいものをたくさん生み出してもらったほうがいいのじゃ。だとしたら、それだけの環境を受け取ることに遠慮はいらないはずだ。宇宙もあなたさえそうなることを自分に許せたら、そういう環境を歓んで用意してくれる。

宇宙に対して堂々と、「私はこんなペースで仕事をしたい」って宣言していい。

どのくらいの収入を得たい？

さて、仕事のスタイルやペースが決まったら、次はどのくらいの収入を得るかも決めよう。

それはどういう暮らしがしたいかにもよる。

自分は自家菜園で野菜を栽培し、それを食べて、晴耕雨読の生活をしたいというなら、現金収入はそんなになくてもいいかもしれない。

逆に仕事でいつもインスピレーションを得られる環境を整えるには、生活の心配を全くしなくていいだけの収入が必要だという人もいるかもしれない。

あなたはどんな暮らしをしていたら、最も充実し、歓びを感じ続けられるだろうか？

それに必要なだけの収入とはどのくらいだろう？

それは**決して人に見せびらかすために必要な収入ではないのじゃ。あくまでも充実感を得られる環境を整えるために必要な収入という意味**だぞ。

ここを取り違えると、タネには養分がいかなくなる。

なぜなら、見せびらかしたいということは、そこには歓びとは逆の「見返したい」という世間への憎しみがあり、極論すると、自分そのものには価値がないということの裏返しになるからじゃ。それでは、仮に億万長者になったとしても空虚で、真に満たされることはない。

「歓び」という一番大事なものから外れてしまうなら、本当に幸せになることはできないのじゃ。

だから、どのくらいの収入があったらいいのかを考えるときは、その誘惑に惑わされないことじゃ。もっと言うと、**歓びが起点になっている限り、お金は放っておいてもどんどん流れ込むようになる**。

なぜなら歓びという養分が潤沢に与えられ続けるからじゃ。これはとてもとても重要なことだぞ。

どんな人間関係だったらいい？

素晴らしい人間関係に恵まれれば、触発し合えたり、助け合えたりもする。それはとても大きな力じゃ。大成功するために、これも大事な要素の一つだ。

どんな家族関係で、どんな友人関係で、どんな仕事仲間だったら、あなたは一番歓びを感じ、充実するだろう？

一番身近な家族との関係はどうだったらいい？

親、兄弟、子ども、パートナーなど、彼らとどんな関係でいたい？

それも決めておく。決めておくことで、たとえば、仕事にばかりのめり込んで、家族を顧《かえり》みなくなるということはなくなるだろう。なぜなら、家族は最も大事な人間関係だとインプットすることにもなるからじゃ。

それにこういう関係でありたいという方向性がはっきりしていれば、自分が家族のために何をやるべきかも分かる。

もしも今、理想の家族関係になっていなかったとしても、あなたがそれに向かって一歩踏み出すことで、必ず変わっていくだろう。

家族との調和は、大成功の礎《いしずえ》だ。

それから、どんな人と友人でありたいか。その友人たちとどんな関係を築けたら、心が安定し、歓びを感じ続けられるのか？

たくさんの人と広く浅く付き合い、ネットワークを広げることに歓びを感じる人もいるだろうし、本当に魂の響き合う人と、深く付き合うことに歓びを感じる人もいるだろう。

自分が真に望む友人関係とはどういうものなのかも、はっきりさせておこう。

さらに仕事上でも様々な人間関係がある。一緒にプロジェクトをやるとしたら、どんな仲間がいたらいいのか？　どんなサポーターが必要か？

会社勤めなら、同僚や上司、部下がどんな人たちであったら、仕事がしやすいのか？

もう一つ、とても重要なことがある。それは、**どんな人たちに顧客になってほしいかということ**だ。

誰に、あなたにとっての最高の歓びを伝えていきたいのか？

こういう人にこそ、この歓びを伝えたい、分かち合いたい。それをしっかり決めておけば、どこに向かって仕事をしていけばいいのか迷ったりしない。

そうすれば、お客さんに無駄に振り回されることもない。時には、相手がお客さんであろうとも、はっきり「ノー」と言うことができる。

あなたが相手にしたい人を相手にしていいのじゃ。

これらの人間関係が、どうなっていることがベストだと思うのか、これもスケッチブックにどんどん思いつくままに書き出していこう。

どんなことをして楽しみたい？

大成功を続けるためには、人生のあらゆる側面が充実していることが大事じゃ。だから**仕事以外に、どんなことをして楽しんだら充実するのかも決めておこう**。

料理をしたり、絵を描いたり、詩や俳句を作ったり、日曜大工で何かを作ったり、楽器を演奏したり、歌を歌ったり……クリエイティブなことをするのが好きだという人もいるだろう。

中には、掃除をしたり、洗濯をしたりしていると気分がスッキリするという人もいる。

あるいはジョギングしたり、テニスをしたり、ジムで体を鍛えたりするのが楽しいという人もいるだろう。

あちこち温泉巡りをするのが好きな人もいれば、神社やパワースポット巡りが好きな人もいる。

猫や犬と遊んでいるときに一番リラックスできる人もいるだろうし、仲間と清流の側でバーベキューをしているときが一番だという人もいるだろう。

何もこれまでやったことのあることでなくてもいいのじゃ。これからやってみたいと思うことでも大いに結構。そっちのほうがワクワクしてくるかもしれんな。

人生は楽しむに限るのじゃ。歓びがあればあるほど、タネに養分が吸収される。

仕事でも最高に歓びを感じ、プライベートな時間にもたくさんの歓びを感じていいんじゃ。仕事だけに偏《かたよ》ってしまうと、バランスを崩して、大成功が長続きしなくなってしまう。

逆にプライベートな時間も充実していると、そちらからもパワーチャージされる。知らない土地で知らない人に出会ったり、その土地の文化や風習に触れたりするとき、あるいは趣味のサークルで、肩書きを外した人間同士の交流をする中で、大いに触発されることがある。それによって新しい視点で物事を見られるようになり、それがまた仕事にも役立っていく。

わしはそういう出会いも、いろいろセッティングしているんじゃよ♪

そうなると仕事はますます充実する。そしてプライベートも遠慮なく楽しめるようになるという好循環になっていくわけじゃ。

だからプライベートな時間にどんなことをして楽しむかは、とても重要なことなのじゃ。

さあ、スケッチブックに思いつくまま、どんどん書き連ねてごらん。

すると、そこからどんどん楽しみが広がっていく。

書き尽くした感じがしてきたら、書き出したものの中で、すぐにできそうなことを実際に行動に移してみるといい。

書いただけでなく、実際に行動して現実化させることで、楽しみの本当の意味が見えてくる。そして自分の人生にそれらを取り入れることが、いかに大事なことかが分かるようになるだろう。

どんな環境で暮らしたい？

最後は、どんな環境に住みたいかじゃ。住む環境もとても大事だ。大好きな場所に住んでいるということは、大きな歓びじゃ。

たとえば海の近くとか、大都会のど真ん中とか、緑が豊かな文教地区とか、どんな場所に住んでいたら、一番歓びを感じるかな？

1年のうち夏は北海道に住んで、冬は沖縄に住むのでもいいぞ。1年の大半はシンガポールで、1カ月くらい日本に滞在するのでもいい。何だってありじゃ。

あなたが楽しいと感じる場所ならどこだっていいんじゃ。

限界を決めずに自由に考えていい。

またまた思いつく限り、スケッチブックに書き出してみる。絵を描いてもいいぞ。家からはこんな景色が見えるとか、近所にはこういう店があるとか……。

住みたい場所が決まったら、できたら実際にその場所に行ってみるといい。その土地の空気を感じて、そこに住んでいる気持ちになってその街を歩いてみる。やがて本当にこういうところに住むようになるんだって思いながら歩くと、それだけで歓びがあふれ出す。その調子じゃ。それがタネへの養分にもなり、現実化にもつながるのじゃ。

住む場所が決まったら、今度はどんな家に住むかじゃ。一軒家ではなく、高層タワーマンションがいいという人もいるだろう。

その家の中はどんな間取りで、どんなインテリアだったらいい？

家で飼いたいペットがいるなら、それも含めてスケッチブックにどんどん思いつくままに書いていこう。これも絵で描いてもいいし、インテリア雑誌の中にイメージに近い写真があったら、それを切り抜いて貼ったっていい。あなたの夢が広がるように、楽しみながらやったらいい。

住宅展示場に行ってみて、実際に体験すると、なおいいぞ。

家の中が快適で、居心地がよければリラックスできるから、心身の健康にもいい。

ここで味わう歓びもタネにまたまた養分を与えることになる。

住む環境はとても大事だ。何しろ毎日そこで生活していくわけだから、最も身近で最も影響力があることじゃ。

家で好きなものに囲まれて、ゆったりとくつろぐだけで、実はものすごく癒される。だから環境にも大いにこだわっていい。

あなたが最高に心地よい、大好きな場所で、快適な住空間で暮らすこと。これも方向を決めておけば、そちらにちゃんと導かれる。

わしもあなたのリクエストに応えて、いろんなチャンスをコーディネイトしちゃうぞ♪

自分のスタイルはどんどん更新して構わない

さてここまでは、スケッチブックに、あなたの大成功人生をスケッチしていたようなものだな。

「だから、スケッチブックだったのかあ！」だって？

別にそういうわけじゃないんだが、結果的にそういうことになっちゃったな。

ところで、ここで決めた大成功人生のスケッチはあくまでもラフスケッチなんじゃ。歓びを起点にするということは変わらないが、その歓びが最初のものとはスケールの違う、もっと大きな歓びに変容していくことも大いにある。それに伴って、仕事や生活のスタイルが変わることもある。

つまり、どんどん更新していってもいいものなんじゃ。

特に最高の歓びを起点に人生を生き出すと、やりたくないことを我慢してやっていたときと比べて、人生の展開の速度が驚くほど速くなる。

ということは、この大成功人生のスケッチは、その都度どんどん更新していいということ。自分の中に、新しい可能性が見えてきたら、どんどんスケッチブックに書き込んでおくといい。

特にやりたいことをやればやるほど、次にやりたいことや、それを実現するためのアイディアもどんどん降りてくるようになる。それについてはまた後で、改めて話すけれどもな。

ともかく、**一度書いたことを絶対だと思わなくていい。むしろたたき台にして、どんどん発展させていくためのものだと理解すればよい**のじゃ。

大成功の人生ほど、同じことを繰り返すのではなく、発展し続けるものなのじゃ。どんどん更新されるものであったとしても、何が自分にとっての最高の歓びなのかという原点はしっかりさせておかなければならない。だからこの大成功人生のスケッチは重要なんじゃ。

これはこうなっていないと成功とは言えない、という条件を書いているわけではないぞ。それを目指してがんばるために描いたスケッチではない。

自分を見失わないために、何が自分にとってベストコンディションなのかを確認するためにやっていることじゃ。

それと同時に、それだけのものを自分は受け取っていいという許可を与えるためにやっていることでもある。

この違いが分かるかな？

だから書いたことを実現するために、どうしたらいいのかを考える必要はない。

これは羅針盤だ。方向性を決めるだけでいいのじゃ。

ワクワク夢見るように、楽しんで書いていく遊びじゃ♪

子どもに戻って、無邪気にやるだけでいい。

CHAPTER

2

まとめ

- 大成功の極意は、ありのままの自分で勝負すること
- 人生で「一番歓びを感じること」を核にする
- 自分にとって「最高の歓び」と思えることをスケッチブックに書きなぐる
- 理想の仕事のスタイル、過ごし方、収入、人間関係などをはっきりさせておく
- 大成功人生のスタイルは、成功するにつれて、どんどん更新していい

CHAPTER

3

神さま、好きなことに挑戦して、失敗してしまいました！

お金を払ってでもやりたいくらいの意気込みでいく

さて、大成功人生のラフスケッチもできたことだし、あとはやるのみじゃな。

タネへの一番の養分が歓びだということは伝えてきたが、大成功のエンジンを回転させるガソリンも、実は歓びなのじゃ。

いつも歓びから表現していれば、必ず大成功していく。

これはとても重要なポイントじゃ。大成功するためには、もちろん戦略のようなものもあっていいのかもしれない。しかしなあ、実のところ、戦略などなくても、純粋に歓びから表現できるなら、放っておいても勝手にうまくいくというのが極意じゃ。

たとえばあなたが、人が本来持っている力を引き出すヒーリングをしたいと思っていたとする。そのヒーリングを受けることで、相手が別人のように輝き出す瞬間に立ち会うことが最高の歓びだと感じているときは、**こっちからお金を払ってでも、やらせてほしいくらい、やりたくてやりたくてたまらなくなる**ものじゃ。

もしも、そのくらいのはち切れんばかりの歓びでヒーリングのセッションをするなら、その歓びのエネルギーが、ヒーリングの技術云々以上に人に力を与え、変容させてしまう。それほど歓びのエネルギーはものすごい力を持っているのじゃ。

それは、目に見えるものではないが、人にはちゃんと伝わっていく。

たとえば、ショッピングをしているときに、このお店に入ると何だかウキウキ楽しくなってくるとか、このお店に入ると気分が滅入る、みたいなことを感じたことはないか？　それは**そのお店を運営している人の出している「氣」を感じ取っているから**じゃ。歓びから運営していれば、スタッフの表情も、ディスプレイも全然違って見えるものなんじゃ。

人はどっちのお店に行きたくなると思う？　当然、ウキウキ楽しくなるお店のほうに行きたいと思うだろう。

すべての人には大成功のタネがあって、そのタネは自分の歓びだけでなく、人の歓びによっても触発されるようにできている。だから、歓びの周波数にどうしても惹きつけられる。誰もがもっと歓びの周波数に触れて、自分のタネからも芽を出したいという本能みたいなものがあるのじゃ。

だから魂の歓びから表現している人は、特にお金をかけてPRしているわけでもないのに、どこからともなくお客さんが集まってきて、いつの間にかブレイクしてしまうんじゃ。逆にお金をかけて宣伝したとしても、本人が歓びから表現していなければ、人が集まってくるのは最初だけで、やがて人が離れていき、うまくいかなくなってしまう。

PRということでいうなら、「もう、楽しくてたまりませんわあ♪」みたいなところから表現しまくっているなら、その人に触れた人が、他の人にもその人のことを教えたくなるものじゃ。そうして口コミでどんどん広がっていくということも大いにある。

今の時代はSNSによって、全く無名の人でも、たくさんの人に知られるチャンスはいくらでもある。要は**本人がどれだけ歓びに忠実に生きているか**なのじゃ。

小賢《こざか》しく生きようとする必要はない。

むしろもっと素朴に、歓びのまま生きていればいい。

そっちのほうがずっと楽しいし、実は大成功するのも早いぞ。

エネルギーを動かしただけで100点♪

歓びが大成功のエンジンを回すガソリンにもなるという話をしたけれど、じゃあエンジンって何なのか？

それは行動なんじゃ。

特にやりたいことを始めたときこそ、すぐに行動するかどうかが成否を分ける。

魂の歓びというエネルギーは、あなたを決してじっとさせてはおかない。自分でがんばって何かしようとしなくても、ふと、こんな場所で、こんなやり方で、自分の歓びを表現することができるかもしれないという衝動を生み出す。

そうしたら、考え込んでいるスキを与えず、どんどん行動に移すのじゃ。

実はこの段階で、**たくさんの人たちが大成功大会の予選落ちをしてしまう。**

まず行動する前に、そんなことをやったってうまくいくか分からないし、ダメだったときに落ち込むのはイヤだって思う。その怖れに囚われて、せっかくの歓びのエネルギーがポシャってそれで終わり。

あるいは行動できたとしても、みんな何らかの行動をとったら、それに見合った結果を得ようとする。そして、**自分が想定した通りの結果が得られないと、勝手に「うまくいかなかった」と落ち込んで、あっさり前に進むのをやめてしまう**。

あ〜あ、もったいない。

実は宇宙から見れば、そういうことではないのじゃ。いかにエネルギーを動かしたかが問題なんじゃ。動かしたエネルギーに見合ったものを、宇宙は想像を超えたところから宇宙のタイミングで恩寵としてもたらしてくれる。だから逆に言うと、**自分が想定した通りの結果が得られなくても、エネルギーをそれだけ動かせただけで、100点**ということなんじゃ。それがどこにどう結びつくかはどうでもいい。それは宇宙にお任せすればいい。だいたい人間が頭で考えられることなんてたかが知れておる。宇宙はそんなものを超えたもっとすごいものを用意している。

だから、この時期は特に、**思いついたことは、迷ったり、考え込んだりするスキを**

与えずに、どんどん行動に移すに限るのじゃ。

それは決して無理をしてがんばることではないぞ。これをやってみたら面白そうだと感じたことを、遠慮なくやってみるということだ。

たとえば、「自分の作ったアクセサリーが、帝国ホテルのショップに置かれるようになったらいいなあ。実際、そのくらい素敵な作品を作っているし」って思うなら、帝国ホテルのショップに売り込みに行ってみればいい。それで本当にあっという間にショップに置かれるようになるかもしれないし、全く相手にされないかもしれない。

それはどっちでもいい。

だけど、それだけ大きなエネルギーを動かせば、その分、どこかで何か別の、あなたが想定した以上のチャンスが巡ってくることも少なくない。

大成功している人は、みんな結果を出すということに不必要に囚われてはいない。

それよりも、いつもこの歓びとともにありたいと思っている。歓びにとても正直に生き、それを次々行動に移している。それが大成功の高性能エンジンになるのじゃ。

宇宙とつながる時間を持つ

植物のタネは誰に教えられたわけでもないのに、タイミングが来るとちゃんと芽を出し、茎を伸ばし、やがて大きく育っていく。

植物のタネは、完全に宇宙の命の流れに即しているわけじゃ。

人間の大成功のタネも、それと同じで、宇宙の命の流れに即していれば、いつ何をすればいいのか、どんなことをすればいいのかも、ちゃんと直感を通して分かるようにできているのじゃ。タネには大成功するために必要なものはすべて入っているのだからな。ということは、**頭でごちゃごちゃ考えるより、宇宙とつながる時間を持つようにしたほうがずっといい**わけじゃな。

宇宙とつながると言っても、神がかった霊能力がないといけないわけじゃないぞ。そんな特別なことじゃない（笑）。

この本を読む人たちは、宇宙とスムーズにつながることができるように、わしがアレンジずみじゃ♪　よかったなあ。
だから1日の中で、10分程度でいいので、次のようなやり方で宇宙とつながる時間（宇宙とつながる瞑想）を持つようにすればいい。

①背筋を伸ばして椅子に腰かけるか、胡坐《あぐら》をかく。椅子に腰かける場合は、両足の裏が床につくようにする。そして両手は手のひらを上に向けて両腿《もも》の上に置き、軽く目を閉じる。
②「宇宙とつながりたいので、サポートしてください」と、宇宙にお願いする。
③胸の中心の奥にある魂に意識を集中する。
④魂に意識を集中していると、胸の中央が何となく温かくなってくる。そうしたらさらに意識を集中し、魂の白い光をイメージする。
⑤そのまま無心に光を感じていると、無限に広がる宇宙が見えてくる。
⑥その瞬間、とても心が広がって、気持ちよくなってくる。
⑦最初は5、6分、慣れてきたら10分ほどそのままの状態でいる。

こんなふうに、宇宙とつながる時間を1日の中で10分でも持つようにすると、ますます宇宙の命の流れとシンクロしやすくなり、直感も冴えわたってくる。何をしたらいいのかも、突然ピンとき始めるぞ。

もちろん、このつながっている時間に何か質問してもいいし、こんなことをやってみたいというあなたの構想を伝えてもいい。それはあなたの自由だ。

やりたいことを始めた頃は、まだ成功が見えていないだけに、怖れや不安に囚われることもあるかもしれない。そういうときこそ、宇宙とつながるようにすれば、怖れや不安に不必要に囚われなくなる。

それどころか、またまた歓びのエネルギーが湧いてきて、「ようし！　次はこんなことやっちゃおう♪」っていう気にもなってくる。そしたら即行動じゃ。ますます面白いことになっていくぞ。

1
手は
上に向けて
足の裏が
つくように
2
宇宙と
つながりたいので、
サポート
してください
3
4
5
6
7
最初は5、6分
慣れてきたら
10分くらい
このままで
いるのじゃ

「大成功」を前提に準備をすると、実現しやすい

たとえばあなたが自宅の一部を改装して、住宅街にカフェをオープンしたとする。駅前の人通りの多い場所でないだけに、最初はお客さんがあまり来ないかもしれない。

オープンの日には知り合いが来てくれたけど、一通り知り合いが来た後は、お客さんが来ない日が続く。するとだんだん「どうせ1日に来ても3人くらいのもんだから、カップも5つくらい用意しておけば十分。店の掃除だって、そんなに念入りにしなくてもいいかも。どうせお客さん来ないんだし」って考え出す人もいるだろう。

最初の頃はそんなにたくさんお客さんが来ないこともあるんじゃよ。しかし、そこで、こちらの意識まで、**「どうせうちの店なんてこの程度のものだ」って思うのと、仮に今は1日に3人だったとしても、「やがて毎日満席になるようになる」という意識で仕事をするのとでは、その先に大きな差が出てくる**のじゃ。

つまりカフェをオープンしたなら、いつ満席になってもいいように、こちら側の準備をしっかりすることが大事なんじゃ。こちらがその意識でやっていれば、**その意識が波動となって現実化していくから、本当に満席になってくる。**

大成功のスケッチを覚えているかな？　そのラフスケッチの中では、きっとあなたの店は満席になっていたはずだ。もしそうなら、それに見合う現実的な準備を常に怠《おこた》りなくやることじゃ。

あなたも体験したことがあると思うが、全然お客さんの来ない、店主自体もやる気のない店は外から見ても入りたくない感じがするものじゃ。でも、目立たない場所にあっても、いつも掃除が行き届き、感じのいいお店なら、通りかかったときに気になって入ってしまう。

そして一度入ってみたら、とても居心地よく感じる。店主もおいしいコーヒーを淹れてもてなすことにこの上ない歓びを感じていることが波動として伝わってきて、また来たくなるだろう。すると今度は友達や家族と一緒に来たいと思う。その延長線上にブレイクがあるのじゃ。

こういうことはカフェなどのお店に限ったことではないぞ。

たくさんの人の前で講演をやりたいと思うなら、最初の聴衆がたった一人だけだったとしても、100人を前にしているくらいの気持ちで堂々と話すのじゃ。それから100人入るホールを見学に行ってもいい。

そういう場所はどうなっているのか？　借りたら、いくらくらいかかるものなのか？　どんな人が使っているのか？　実際に足を運んで調べる。

そしてもしも100人来るようになったら、どうやってその人たちの申し込み受付をしたらいいのか、当日はどうやって入場させればいいのか、そのやり方も想定しておく。

そうすれば、あなたの意識の中に、聴衆が100人来るということが現実的にインプットされる。それによって本当に聴衆が100人来る方向に導かれていく。

だから現状がどうであろうとも、常に、最高のパフォーマンスを想定し、具体的に準備しておくといいのじゃ。

純粋な歓びの表現がミラクルを生む

魂の歓びに従って、見返りなしに歓びを表現し続けていくと、あるとき突然ビックリするようなことが起こる。

その世界でとても有名な講演者が、あなたの話が面白いので、ぜひ一緒にトークショーをしようと声をかけてきたりする。有名な講演者とトークショーをするときにも、相手にビビるどころか、相変わらず歓びではち切れんばかりの話しぶりが大ウケになり、そこからあっという間にブレイクするようになったりする。

けれどもこれは、そうなることを狙って、そうなるわけでは決してない。

そのタイミングはあくまでも宇宙が決めることだ。

期待してしまうことが遠回りになることは、これまでにも伝えた通りじゃ。

本人は歓びに突き動かされて行動しているだけ。結果がどうなるかとか、そんなことはぶっ飛ぶほど歓びに忠実であるとき、タネには、ぐいぐい養分が吸収される。

そうなると、芽が出る臨界点にも早く達することになるのじゃ。そしてそこから大きな花も咲かせることができる。歓びに突き動かされることに夢中で、それによってどうなるかということを忘れていればいるほど、驚くべきミラクルがやってくる。

よいか、今とても大事なことを言ったぞ。

「それによってどうなろうと何が起ころうと、気にしないとき、最も大きなミラクルがやってくる」

もしもあなたが結果に囚われず、ひたすら歓びのまま生きるなら、もうあなたは大成功間違いなしじゃ。

大成功とはテクニックの問題ではないのじゃ。
どんなときも歓びを起点に生きていることがすべてなのじゃ。

その意味では、別に学校の成績がよくなければならないわけではない。むしろ、論理を超えられる柔らかさや純粋さ、遊び心、無邪気さがあるかどうかの問題じゃ。

こんなこと全然難しいことじゃない。

なぜならあなた方はみんな、子どもの頃こうだったからだ。つまり、人間はみんな柔らかで自由な感性と無邪気さを、そもそも生まれ持っている。

そんな子どもの頃のあなたに戻ればいいだけのことじゃ。

子どもの頃に、「ちゃんと考えてからやりなさい」と大人に叱られて、あなたは自分のそんな力を引っ込めてしまったかもしれない。けれど、それは決して失われたわけじゃない。今もちゃんと健在だ。そこを信頼することじゃ。

大人になったあなたが、あなたの中に息づいている子どもの自分に声をかけてやればいい。

「もういいよ、出ておいで。好きに生きていいよ。歓びのままやりたい放題やろう。一緒にこの人生をとことん楽しもう♪」って。

大丈夫！　あなたならきっとできるはずじゃよ。

すべての能力を棚卸しして、新しいメニューを創造する

あなたが提供できることは、実はあなたが思っている以上にある。

カフェを例にとろう。カフェでおいしいコーヒーやスイーツを出すことはもちろんできる。

さらにおいしいコーヒーを淹れることだけでなく、そのカフェのマスターが編み物がとても得意で、大好きだったとする。それなら、そのカフェのスペースで、編み物好きな奥様たちを集めて、編み物教室を開いたっていい。

もしもタロット占いができるなら、コーヒーとスイーツをセットで頼んだ人には、一問一答のタロット占いをしてもいい。カフェのメニューとは別に、タロットのメニューを作ってもいいわけじゃ。それで流行っているカフェだって実際にある。

そんなふうに、**自分が人に提供できることや、好きなことを、一度全部スケッチブックに書き出してみるといい**。そうすれば、それを組み合わせることで、最初に考えて

いたメニュー以上に、人に提供できるメニューが豊富にあることに気づく。

そして、メニューの種類が増えれば、それだけ顧客の幅も広がるわけじゃな。

第一、いろんな楽しいことができたほうがやってる本人も楽しいだろう。

「カフェで編み物教室をやってるなんて話は聞いたことないな」って思ったとしても、そんな常識に囚われる必要はない。それがあなたの歓びにつながるなら、そこから歓びの輪が広がり、店へ来るお客さんも増えてくるだろうから。

むしろ人がやっていないユニークなことをしたほうが、魅力的な店になるだろう。だから常識に囚われる必要などないのじゃ。それよりも、あなたがそれをやって楽しいかどうか、その一点にこだわればいい。

逆に、客寄せのために、そんなに好きでもない編み物教室を開こうとするなら、やめたほうがいい。それは歓びではなく、策略だからだ。策略は殺伐としているし、そもそもあなた自身が楽しめない。楽しめないなら続かないし、うまくもいかない。

人はお客さんを増やすにはどうしたらいいだろうと思い悩む。

ところがそうじゃないんだな。

どうやって私自身を楽しませようか？　どうやってみんなで楽しもうか？　そのことだけを考えればいい。それが宇宙の命の流れに乗る道であり、大成功につながる道なんじゃ。

分かったかな？

それでは早速スケッチブックを出して、あなたが好きなことと、あなたが人に提供できることをどんどん書き出してみよう。

「この程度のことなんて、別に人に提供できるほどのことでもないよ」だって？

あなたからすれば大したことじゃなくても、それができない人だって実はたくさんいるんじゃ。もし自分ではよく分からないというなら、人に聞いてもいい。人のほうがあなたの力を知っていることも多いからな。

余計なことに囚われず、これだったら得意だとか、好きだとか、気軽に書き出してみることじゃ。そしてあなた自身が楽しめる面白メニューをどんどん作って、歓びをもって人に提供したらいいだけのことじゃ。

メニューはピラミッド構造にする

さて、スケッチブックに書き出して、こんなメニューも提供できそうだなってワクワクしてきたかな？

次は、**メニューの構造を整える**のじゃ。

まず、たくさんの人にあなたのやっていることを知ってもらう必要があるだろう。そのためには、気軽に体験できるメニューを作るといい。値段もそんなに高くなくて、短時間でできるメニューというわけじゃな。

カフェだってそうだろう。気軽に飲めて、持ち帰りもできるコーヒー1杯のメニューもあれば、食事とセットになっているメニュー、さらには食事にデザートまでついてくるメニュー、さらにフルコースのメニューもある。ヘビーユーザーには、回数券もあったりする。

ここではカフェを例にしたわけだが、たとえば自己啓発に関連する講演会の場合でも、たくさんの人に一方的に2時間講演するだけのメニューもあれば、講演後に一対一でじっくりカウンセリングしながら話をするというメニューもあっていい。もっとコアにあなたと関わりたいという人たちを対象に、月に1回土・日曜日にいろいろなワークをしながら、半年間、それぞれのテーマに基づき、じっくりやっていくという連続コースのメニューもあっていい。

こんなふうに、まず、誰もが気軽に低価格で体験できる、たくさんの人に知ってもらうためのメニューをベースに、そのお手軽メニューを体験した人の中で、さらにもう少し濃いメニューを体験したい人用、さらにもっともっと濃いサービスを受けたい人用、コアになってくれるファン用というふうに、ピラミッド型にメニューを作っておいたほうがいい。

もちろん上の階層に行くほど、料金も上がることになる。

最初はとにかくたくさんの人にあなたを知ってもらうことが大事だから、一番ベースとなるメニューを、とにかくできる場所があれば、どこへでも行ってやることじゃ。

そしてさらにあなたの提供することを深く受け取りたいという人のための受け皿を用意しておけば、様々なニーズに応えられるようになる。それによって複合的にお金も入ってきやすくなる。

大成功は、最初のエンジンさえしっかりかかれば、あとは自動運転みたいなもので、どんどんひとりでに動いていく。

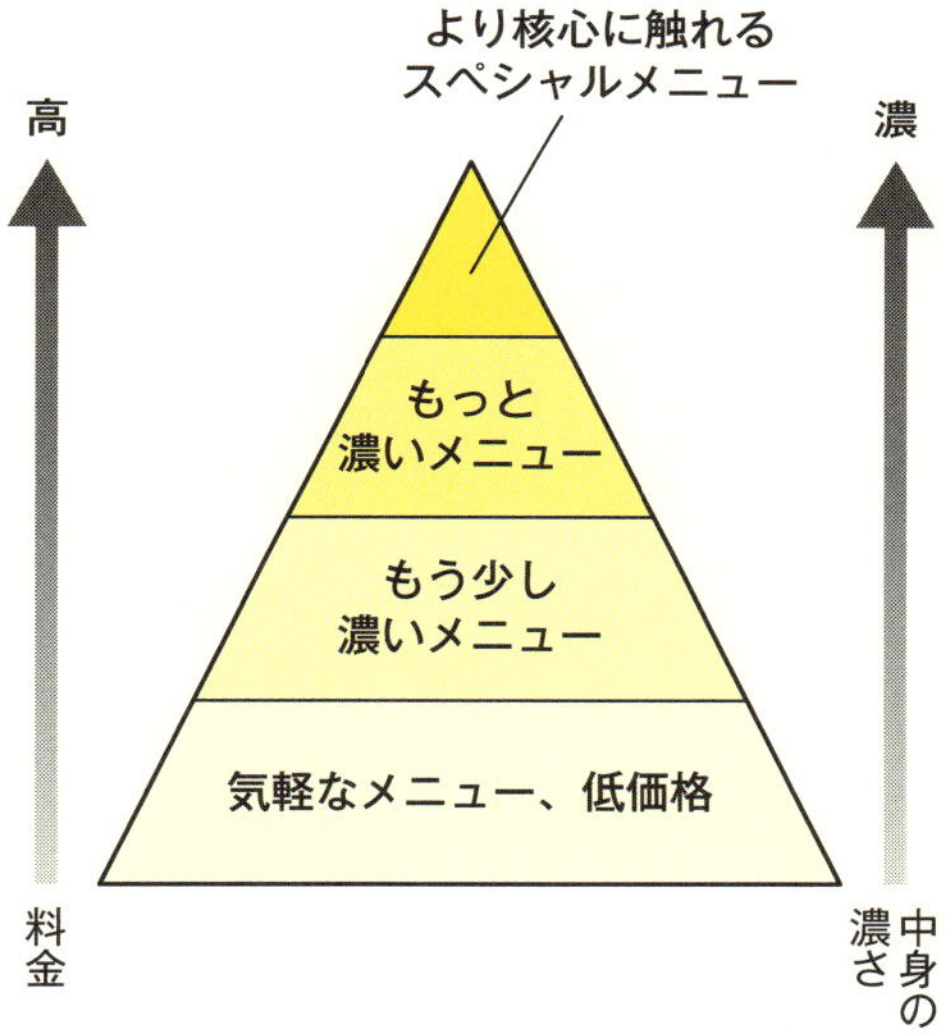

車だってそうだろう。アクセルを踏んで時速60㎞くらいのスピードが出たら、アクセルを緩めても、そのスピードを維持して走り続ける。だけど最初はアクセルを踏まないとスピードが出ない。

だから最初にたくさんの人に知ってもらうためのベースをしっかりやることが大事なのじゃ。

最初のベースを作るまでは損得抜きでいく

ピラミッド型にメニューを作ったら、一番ベースとなるメニューは、最初のうちは宣伝も兼ねているものだと思ったらいい。

つまり広告を打っているのと同じことじゃな。それによって元をとろうというよりも、自分のやろうとしていることを一人でも多くの人に知ってもらうためにやっているというスタンスでやればいい。

ここでいちいちケチらない。

カフェであれば、1杯のコーヒーを徹底的においしいコーヒーにすることなんじゃ。そのコーヒーがちょっと飲んだこともないほど味わい深いものだったとしたら、今度はブレンドじゃなくて、一番高いブルーマウンテンを飲んでみたいと思うだろう。それと同じことじゃな。

最初のベースとなる一番安くて、誰もが手軽に体験できるものに、魂を込めるの

じゃ。それに関しては損得抜きでいく。

あるいはタダで提供できるものがあるなら、なおいい。

たとえばSNSで発信される情報にアクセスすることは、基本的に無料だ。あなたが面白い情報を無料で拡散・発信していたら、それによってたくさんの人がそこに集まってきて、そこからあなたのやっているカフェに行ってみたいという人も増えるだろう。

ただこれも、**あなたにとって苦痛になることならやらなくていい**。

こうしないとお客さんが来ないから、無理してやるんだとしたら、それはあなたにとってストレスになるばかりか、魅力も人には伝わらない。

何度も言うようだが、やはり歓びから何ができるかということに尽きるのじゃ。

文章を書くよりも、写真で何かを伝えるのが好きなら、写真を掲載すればいい。写真よりも動画のほうが好きなら、動画サイトに投稿するのでもいい。

そんなことをするよりも、直《じか》に人に会って、デモンストレーションするのが好きだというなら、路上でライブカフェをしたっていいんじゃ。何だってやろうとすればできる。

自分に対して限界を作らないこと。新しいチャレンジを楽しむことじゃ。

しかも、あなたのできる範囲で精一杯楽しむだけでいい。歓びのエネルギーはものすごく強烈なエネルギーなので、何も何千人もの人に知ってもらわなくても、最初はたったの10人であったとしても大丈夫じゃ。その歓びのエネルギーが本物であるならば、それはどんどん広がっていく。

損得抜きで、歓びのままに、真っ直ぐに表現するなら、怖いものなしじゃ。

あなたに触れた人のハートは、見事に撃ち抜かれ、惹きつけられること間違いなしだ。

だから、歓びのままに、一番ベースとなることほど、魂を込めて、あなた自身をすべてそこにぶつけることじゃ。

触発し合える仲間を作る

素晴らしい仲間に巡り会えると、大成功はますます加速する。あなたがやりたいことをやるために何かを勉強しに行ったりすると、同志のような人と巡り会うことがある。

わしはちゃんとあなたのために、そういう出会いをセッティングしているんじゃよ。

これが不思議なもので、魂が望んでいないことをやっているうちは、周りに本当に理解し合える仲間はいない。

ところが、たとえば花屋さんになりたくて、花屋の起業勉強会に参加したら、その中に、心が通じ合える仲間がいるということがよくあるものだ。

それが「あなたはこっちの道でいいんですよ、どんどんやりなさい」という宇宙からのサインでもある。

そんな仲間の中でも、この人と一緒にいると本当にパワーが湧いてくるという人と出会ったら、その人とは積極的に連絡をとって、互いに精神的にサポートし合える関係を作っていくといい。

自分自身も常に相手の素晴らしさを認め、それを口に出して表現し、相手が自分の力に目覚められるように誠意をもって付き合う。

自分自身は、カッコつけたりせずに、本音で話す。本音で話せば、相手も心を開いてくれ、何でも話せる関係になっていく。

調子がいいときも、悪いときも、ありのまま、そのままの自分でいること。

相手が成功したら、もちろん一緒に歓ぶ。うらやましいなと思ったら、それも正直に言ったっていいんじゃ。そのままのあなたが一番魅力的なんじゃ。

自分のほうが先にブレイクしてしまったとしたら、こんなに素晴らしい人がいると、迷わず相手のことを宣伝しよう。

そうやってカッコつけずに何でも話せて、お互いに励まし合える仲間を持つと、お金やモノなどとは比べものにならないほど、あなたの力になる。もちろんあなた自身も相手の力になる。

魂の友は、ただ支えてくれるだけではなく、あなたに新しい視点を与え、視野を広げてくれる。この恩恵は計り知れない。

逆に、一緒にいてもくだらない世間話をするだけだったり、互いの成功を歓んだりできない仲間なら、一緒にいる必要はない。

誰か側にいないと寂しいことを理由に、相手を選ばずに付き合うこともエネルギーの無駄遣いになるから、それなら堂々と一人でいるほうがまだいい。そのくらい腹が据《す》わっている人には、素晴らしい魂の友がちゃんとできる。

あなたはいつも歓びと共にあるべきだ。それが大成功への道だ。

世の中にはたくさんの素晴らしい人がいる。あなたにはそんな素晴らしい仲間ができるだけの価値がある。自分を安売りしてはいけないぞ。

むやみに人とつるまない

魂の響き合う素晴らしい仲間がいることは、かけがえのない財産じゃ。

けれども、お互いに、まだ独り立ちもできていないのに、むやみにつるんで何かをしようとするのはちょっと違うんだな。

まだやりたいことが軌道に乗らず、心もとない状態のときに、誰か一緒にやってくれる人がいると、それだけでその怖れが紛らわされるような気がするかもしれない。

しかしそれはあまり功を奏さない。


数学では1＋1は2になる。

しかし、コラボイベントはそうなるとは限らないのじゃ。

やりたいことで生計を立てられる、つまり独り立ちできる段階になって、初めて1になるのじゃ。

一人でやってもまだそれほどのこともできない者同士が、一緒につるんだらどうなると思う？　どっちの力も薄まって、ますます十分な表現ができなくなる。

それはお客さんにも伝わってしまうわけで、そんな中途半端なものを提供されたら、お客さんは去っていってしまうぞ。

だから一人でやっていて不安になることがあったとしても、最初はまず自分の足でしっかり立てるようになることに集中したほうがいい。

不安なときは、魂の友と会って、そんな気持ちを打ち明け、互いに励まし合う分にはいくらでもしたらいい。そっちは別に問題ない。かといって、あまりに依存してしまうのは全く違う話じゃが……。

大成功するには、やはり最初が肝心なんじゃ。そこでしっかりした足腰をどれだけ作れたかどうかがその先の展開を決める。

逆に**最初さえ、後先考えず、損得抜きで、歓びからやってやってやりまくれるなら、後になればなるほどどんどん楽になる。放っておいても勝手にすべてが回るよう**

になってくる。

だから始めたばかりで一番不安を感じるときこそ、まず自分にできることを精一杯やる。その覚悟さえあれば、ブレイクの足腰はしっかりしたものになる。

独り立ちできていない段階では、仲間の素晴らしさを宣伝はしても、むやみにつるんで何かしようとしないこと。

自分がやりたいことでちゃんとご飯を食べられるくらいになったときに、相手と一緒にコラボすればいい。そのほうが相手にとっても力になるんじゃ。

転んだ人ほどブレイクする

自転車に乗れるようになるにはどうしたらいいと思う？

それにはまず自転車に乗ってみることだろう。自転車に乗って、ハンドルを握って、ペダルをこいでみないことには始まらない。

いくら本で自転車の乗り方を勉強しても、それで自転車に乗れるようになるわけではないからな。

さて、それでは自転車に早く乗れるようになるにはどうしたらいいと思う？

補助輪をつけて走る？

誰かにずっと後ろで支えてもらい続ける？

最初はそれもいいだろう。しかし、少したったら補助輪を外して、最初はぐにゃぐにゃ曲がりながら進んでしまうとしても、とにかく何度でも乗って動かしてみることじゃ。その過程では、自転車から転げ落ちることもあるかもしれない。でも一度転べば、逆にカンどころが分かってくるものだ。そこから立ち上がって修正し、果敢《かかん》にトライし続けた人が、一番早く自転車を乗りこなせるようになるのじゃ。

ビビって、補助輪をずっとつけているうちはいつまでたっても乗りこなせないぞ。

大成功もそれと同じところがある。最初のうちはうまくいかないとか、失敗したとか感じられること（本当はそれさえも必要な経験だから、うまくいっていないわけではないんだが）もあるものだ。

しかし、それらはすべてが素晴らしい経験だ。何もせずに指をくわえて見ている人よりも、ずっと生きた知恵を吸収している。それによって次はどうしたらいいのかが、ちゃんと分かるようになってくるからじゃ。

だから、そこでへこたれないこと。実際、恥じる必要なんてない。それどころか、ものすごいアドバンテージだ。人が経験できないようなことを経験して、何が大事なことなのかを身をもって学んでおるからな。

日本の大企業の社長の中には、倒産を経験した人が意外に多い。一度、倒産を経験しているから、どういうときは危ないのか、そうならないためには何が大事なのかを知っているので大成功できたのだ。

何度も言うように、やりたいことを始めた頃が一番大事な時期だ。ここで何が起ころうとすべてを糧《かて》にして、そこから貪欲《どんよく》に学び、また進み出す人は、早くブレイクできる。だからうまくいかせようとか、結果を出そうとか、そちらに気をとられないほうがいい。そんなことよりも、とにかく歓びのままにやってみることじゃ。

大丈夫♪　わしがいつも応援している。決して悪いようにはしないぞ。

CHAPTER

3

まとめ

● 想定通りの結果が得られなくても、エネルギーを動かしただけで100点♪

● うまくいくことを前提にして、現実的な準備をする

● 自分が人にしてあげられることや、好きなことを一度全部書き出せば、様々なメニューを提供できることに気づく

● 最初のベース作りは損得抜きでしっかり行う

● むやみに人とつるまない。けれども、人に対しては誠意をもって接する

CHAPTER

4

神さま、どうしても ネガティブな感情が 頭から離れません!

神さまと気の合う人間になる

わしの周波数は、いつだって歓びだ。あなたがいつも楽しくてうれしくて、歓びにあふれていたら、わしとも気が合うわけじゃな。

人間だってそうだろう。こっちがいつもお気楽極楽気分でいるのに、会うたびに愚痴や文句ばっかり言ってるやつと、友達でいたいと思うか？「あ〜あ、もうたくさん」ってなっちゃうだろ。

さすがにわしは神さまだから、そういう人間のことだって見捨てたりはせんぞ。

しかしなあ、こっちがいくら愛情をたっぷり注ぎ、**いろいろなラッキーを用意しても、下ばっかり向いて、「自分なんてどうせダメ」って言っている人間は、そのラッキーが受け取れない**んじゃ。なぜなら周波数があまりに違いすぎるからな。ラジオだってそうだろう。ＦＭ神さまっていうラジオの放送を聞くには、ＦＭ神さまの周波数に合わせせんとな。

ということは、あなたも、いつも自分自身を楽しませるようにしていたらいいわけじゃ。何もすごいことなんてする必要はないぞ。

たとえば、ベルガモットのアロマの香りが好きなら、アロマポットを使って部屋の中にその香りを漂わせるとか、パジャマを着心地のよいコットンガーゼに替えるとか、何でもいいんじゃ。

すぐにできて、気分がよくなることを、どんどん自分にしてやることじゃな。

気分がふさいでいるときほど、そういうことを意識的に自分のためにするのじゃ。放っておくと、人間はすぐそっちにばかり気をとられて、ネガティブスパイラルに引きずり込まれるからなあ。ちょっと意識して楽しむことに目を向けるということじゃな。

「でも、**すぐに自分を楽しませることを忘れるんですが、どうしたらいいでしょう?**」だって?

それなら、自分を楽しませるスペシャルメニューリストを作っておくことじゃな。

こういうことを自分にしてあげると、楽しくなるっていうリストじゃよ。

たとえば、これを食べたり飲んだりすると一気に幸せになるもののリスト。

この曲を聴くと、力が湧いてくるとか、リラックスできる曲のリスト。

ここへ行くと、気分が晴れ晴れして、嫌なことは全部忘れられるというお気に入りの場所のリスト。

あっ、これはなあ、遠くに行かなくてもいいんじゃ。近所をあちこち散歩してみれば、意外にも近くに、ちょっと見晴らしのいいところがあったり、富士山が見えるところがあったり、なかなか雰囲気のいいお寺や神社があったりするもんじゃ。

そういう**ご近所サンクチュアリ（聖地）を探しに散歩してみるのも楽しいぞ**。

それからさっきのアロマを焚《た》くみたいな、くつろぎの時間を楽しめるリストがあってもいいな。そういうものを一度スケッチブックに全部書き出して、その中からこれだっていうものを、きれいな紙に本物のメニューみたいに書いてみるんじゃ。

紙の周囲を素敵なマスキングテープで飾ったり、写真を貼ったり、自分で絵を描いたりして、気分を出すのじゃ。

気分は大事じゃぞ〜〜〜。わしなんてめっちゃ気分に弱いから、すぐにその気に

なっちゃうんじゃあ。かわいいだろう。
えっ？　あなたもそうだって？
そりゃあ、よかった。ますます気が合いそうじゃな♪

３６０度からラッキーを受け取れる態勢を作る

最初に言っておくが、わしは３６０度、どこからでもあなたにラッキーが降り注ぐように準備している。３６０度じゃぞ。この角度からだけしかいいことがやってこないなんていうケチくさいやり方はしていない。さすがは神さまだろう♪

本物の神さまっていうのはな、こういうもんじゃ。

ところが人間ときたら、わざわざ３６０度あるうちの１度からしか受け取らないようなことをしがちじゃ。どういうことかというと、「こういうもの」を手に入れるために、何らかの行動を起こすという行動様式じゃな。わざわざ「こういうもの」って指定する。**指定するっていうことは、それ以外のものは受け取りませんよって言っているのも同然**なんじゃ。

わしがせっかく３６０度ワクワク、ドキドキ、マジかあ〜〜〜っていうくらいのラッキーを用意しているのに、そんなんじゃせっかくのサプライズを仕掛けることもできない。

わしはなあ、残念で仕方ないんじゃ。何でこの人は、わざわざ受け取る間口を狭めているんだかって夜中に秘かに泣いているんだぞ。

今のはウソだけどな（笑）。

まあそのくらい、残念に思っとる。

だいたい何かを手に入れようとして、その通りのものが手に入ることのほうが少ないんじゃないか？　そうなるとあなたたちは、「自分の行動は失敗に終わった」ってカンタンに結論づける。そして、ガックリ肩を落とし、自信を失っていく。そういうことを、一体どのくらいこれまでの人生でやってきた？

あ〜あ、もったいない。

何らかの行動をとったら、行動をとったこと自体に１００点をつけるってことを前に言ったのを覚えているかな？　そこからどういうラッキーが降り注いでくるかは、全面的にわしに任せてもらえれば、あなたが想定していた以上のラッキーだってやってくる可能性の扉が開くわけじゃ。

だいたい、うまくいかなかったからといって、いちいちガックリすることはないんだぞ。

まじめな人ほど、ガックリする回数が多くて、疲れ切っている。

そしてますます歓びの周波数から離れてしまう。

何か行動をとったら、手放しで自分を褒めていいんじゃ。

「私よくやった♪　えらい♪」ってギュ～ッて抱きしめてしまえ。

それによって何が起ころうと、どうなろうと、すべてをわしに委《ゆだ》ねてくれたら、決して悪いようにはせんぞ。

だけどな、そう言うと、みんな「分かりました。神さまに委ねます」って言いながら、どこかで期待をする。もっといいことが起こるのを今か今かと待つ。

そう思いたくなる気持ちはよく分かる。これまであまりに苦労が多かったからなあ。

しかしなあ、これが厄介なことに、そういう状態というのは、狙ったものだけを欲するという昔のパターンと大して変わらないんじゃ。受け取る角度も、せいぜい広がったとしても3度くらいのもんじゃ。

だからわしに力になってほしいと思うなら、期待も手放すんじゃ。
そのときパッコ〜〜〜ンって360度ラッキーを受け取る扉が全開になる。
その覚悟ができると、人生は驚くほど加速するぞ。

どうにかしようとするのを全部やめる

杉のタネは宇宙の命の流れと完全に一体化しているので、学校でいつ発芽するか教わったりしなくても、宇宙のタイミングで芽が出て、伸びて、大木へと生長していく。何度も言うようだが、あなたの大成功のタネにもそれと同じように、必要なことはすべて内包されている。大成功に向けてベストタイミングですべてのことが起こっていくシナリオがちゃんとあるんじゃよ。わしは、それをよ〜〜く知っている。

しかし人間は、何でも自分の思い通りにしたがる。それが本当にベストなことなのか、実は分かってもいないのに。他人がそうだから、自分もそうなりたいとか、世間ではこれが常識だから、こうなっていないとダメだとか……。本当は無理しちゃってるのに、そのことにすら気づいていないことも多い。

ところがどっこい、あなたよりもわしのほうがずっとあなたがどうしたら幸せに大成功できるのかを分かっているんじゃよ。あなたがガツガツあくせくしなくても、植物のタネと同じように、ベストタイミングでブレイクすることができるんじゃ。

そんな**大成功の流れに乗るには、自分がハンドルを握るのではなく、わしにハンドルを明け渡すこと**なんじゃ。

実はこっちのほうがずっと早い。

わしはあなたのことをあなた以上に分かっているだけではない。ありとあらゆるものに通じている。正直に言っちゃうと、叡智の宝庫じゃ。あっ、ちょっと自慢しちゃったな。でも何しろ神さまだから。

今までがんばってもうまくいかなかったのは、そもそも備わっている大成功の流れに抗《あらが》って、自分の思い通りにしようとゴリ押ししてきたからなんじゃ。それはせっかくわしが最高の大成功に向けて最速で運転しているのに、横から、「こっちじゃないよ」ってハンドルを横取りしようとしているようなもの。そんなことしたらどうなると思う？　ルートを外れて、横の電柱にぶつかってしまう。そんなことをしょっちゅうやっていたら、せっかくうまくいくもんもうまくいかなくなるだろう。

よいか、今から大事なことを言うぞ。

つまり、

「どうにかしようとするのを全部やめること」なんじゃ。

これまでにも伝えてきたように、あなたはひたすら歓びのまま生きるだけでいい。この一点に情熱を注げば注ぐほど、タネはどんどん養分を吸収し、早く芽を出し、ぐんぐん生長していく。次に何をしたらいいのか教えられなくても、わしの導きをキャッチして、自然に行動できるようになる。そうなると大成功ストーリーもスムーズに展開していくはずじゃ。

タネの中に既にある大成功ストーリーのほうが、あなたの小さな頭で考えた大成功よりもずっと幸せになれるストーリーだ。それは億万長者にはなったけれど、家族がバラバラになってしまったり、体を壊して入院してしまったりするようなバランスの悪いストーリーじゃない。

長く、幸せに成功し続けられるバランスのとれたストーリーなんじゃ。あなたも最初に「がんばるのは嫌だ」って言ってただろう。こっちのほうがず〜〜っと楽しいぞ。

自分のことを宇宙の宝物だと思うこと

わしはあなたのことを本当によくやっていると思っている。必死に生きているのに、誰にも理解されずに一人で泣いていたのもぜ〜〜んぶ見てきた。そのとき実は後ろから抱きしめていたんじゃ。気づかなかったようだけどな……。

今までどんなことがあったのか、それによってどんな気持ちだったかも、すべて分かっているぞ。

それにあなたには大成功にふさわしい才能も、器量も、運もあることが分かっている。

それが宇宙のタイミングで開花することも、見えておる。

あなたはわしにとっては、とても大切な我が子のようにいとおしい存在なんじゃ。

はっきり言うとな、**あなたはこの宇宙の宝物**なんじゃよ。

だからあなたも、**今日まで必死で生きていた自分のことを、もっと誇りに思ってい**

い。そうすればわしともますます周波数が合うようになる。

タネの養分になるのは、これまで「歓び」だと言ってきたが、他にも大事な養分があるんじゃ。

それは「愛」じゃ。特に自分自身に対する愛じゃ。

あなたが自分のことを、「どうせ私なんて」とか、「もう！　全くどうしようもない人だね」とか自己卑下してしまったら、せっかく出ようとしている芽も、養分が行き届かないで、しぼんでしまうんじゃ。

かわいそうだと思わんか？

もったいないと思わんか？

逆に、

「私にも大成功できるだけの力がある」

「私は今日も一生懸命生きている、よくやっている」

「私は素晴らしい」

「私はとても大切な存在だ」

それから前にも教えたな。

「私って天才♪」などと、**いつも自分に対して愛のある言葉をかけていたら、タネにはどんどん養分が吸収されていく。**

よいか。決して口先だけで言うんじゃないぞ。本当にあなたはそれだけの尊い存在なんじゃ。魂を込めて、そう言うんじゃ。

それは傲慢さとは違う。尊い自分に対しての礼儀というもんじゃ。

どんなときも絶対に自分への愛と信頼を忘れずに、自分が自分の一番の応援団になることじゃ。

それがあれば、必ず大成功への道が開けていく。

自分をVIP扱いする

わしにとってあなたは、本当に大事な大事な我が子のような存在じゃ。もう目に入れても、鼻に入れても、口に入れても……おっと失礼、食べ物じゃなかったな。とにかく、かわいくて仕方のない存在なんじゃ。

だからあなた自身もわしと同じように、自分のことを大事にしてほしい。いつも自分が快適で、心地よくあるように、大切に扱うんじゃ。

あなたにとって一番大事な人がお客さんとして家に泊まりに来たら、どういうおもてなしをする？　シミだらけのタオルを使わせたりはしないだろう。パジャマだって、穴があいてて、ゴムが伸びてて、擦り切れてるものを着せたりはしないだろう。別に2万円も3万円もする高級シルクパジャマを着せる必要はないぞ。着心地がよくて、ちゃんと洗濯してあればいい。

この自分は、神さまに愛されている、とても大事な人なんだっていう意識を持つこ

とが大事じゃ。

今の自分にできることでいい。無理をしなくてもいい。だけど、いつも自分を大事にして、心を込めて付き合う。投げやりに扱ったり、邪険にしたりしないこと。

そうすれば、わしが用意しているラッキーも受け取りやすくなるわけじゃな。


実は、これにはさらに別な効能もあるんじゃ。

自分を大事にしている人は、目には見えなくても、「この人は大事な人です」っていうVIP光線みたいなものが全身からあふれ出るようになるんじゃよ。

すると、あなたと関わる人も、どうもこの人は、粗末に扱ってはいけない人のようだなって何となく察知する。それに、「この人にこそ、チャンスをあげよう」とか、「この人にやってもらおう」なんていう声もかかりやすくなる。

これは本当にありがたいことじゃ。

あなたが本当に活躍することになる分野にいれば、そういう出会いも多くなる。それが一つのサインでもある。こっちでいいんだっていうな。

まあ、いろんな人間がいるし、時には失礼な人間に会うこともあるかもしれない。しかしあまり気にせず、エネルギーを清算して（54ページ）、さっさとスルーすればいい。

そんなもん、引きずってもしようがないぞ。その人間はきっと生きるのに大変で、心に余裕がないのだろう。そういう人間には、わしがいっぱい愛を注いでおくから、あなたは自分のことに集中すればいい。

そしてあなたがいるべき場所にいられるようにしてやり、どんなときも自分をＶＩＰだと思って大切に扱うこと。そうすればわしともますます気が合い、ますます応援しやすくなるというもんじゃ。

ピンときたら、すぐに行動に移す

宇宙につながる時間を、1日に1回でも持つようにしていると、ますます宇宙とのつながりがよくなってくる。そのやり方については、114ページの項で教えたな。

すると、これをやったらいいとか、誰に会ったらいいとか、どこへ行ったらいいとか、直感を通して、宇宙の叡智があなたに降りてくるようになる。

時にそれは、今までやったことのないような、勇気がいることの場合もある。あるいは、それが大成功とどう結びつくのか見当もつかない場合もある。

でも、**ピンとくるなら躊躇《ちゅうちょ》せずに、どんどん行動に移すことじゃ。**あなたにはすべて見えていなくても、わしにはすべてが見えておるからな。

何だか分からないけど、隣のおじいさんとお茶しなきゃって思って、本当に行動に移したとする。お茶を飲みながら、

「実は私、カフェを併設したお花屋さんをやるのが夢なんです。お花を売るだけじゃ

なくて、お花のあるライフスタイルを提案しようと思っていて。カフェの中でお花のある素敵な生活空間を体験してもらったり、カフェに近所の人を集めて、お花のある暮らしのワークショップを開いたりしてみたいと思っているんです」って目を輝かせて話したら、普通のご隠居さんだと思っていたおじいさんが実は資産家で、何か新しいことをやろうとする人にちょうど投資をしたいと思っていて、あなたの花カフェに投資してくれることになったりするんじゃ。

こんなふうに、なぜおじいさんとお茶する必要があったのか、すぐに分かる場合もあるが、いつもそうとは限らん。**人間にはどうしてそんなことをする必要があったのかすぐには分からないことだってある。**それがず～～～っと後になってから、やっと分かるということもあるのじゃ。中には全く因果関係が分からないこともある。ただ単に、守りに入ってばかりで、ガチガチのあなたの殻を破らせるためであったりもするからな。

でも、**それをやってみたいとピンとくるなら、臆《おく》せずやってみること。**

どんどん行動に移していくことが、あなたの大成功の筋力を鍛えることになり、本当に力を発揮しなければならない局面になったときや、大きなチャンスが巡ってきたときに、それをモノにすることへとつながっていく。

迷って、安全かどうか確かめてからにしようとグズグズしていると、せっかく宇宙が与えてくれた機会を棒に振ってしまうこともある。

前にも言ったが、行動するとエネルギーが動くわけで、エネルギーが動くと、それに見合った恩寵がもたらされるようにできている。その意味でも、行動するといいことがあるわけじゃな。

ということは、**悩んでいるスキを自分に与えないこと。**

悩む前にとにかくやってみる。

おっかなびっくり、すぐに撤退できるような及び腰でやるんじゃなくて、やるなら徹底的にやる。そして、貪欲にその経験から学ぶ。

そういう人の大成功エンジンは高性能エンジンにどんどん進化する。

新しい世界が、新しい出会いがどんどん広がっていく。

だからやる価値があるんじゃ。

神さまにどんどん話しかける

どうもこの世の多くの人間は、わしがいつだってあなたを幸せに導こうとしていることを知らないようじゃ。自分は誰にも助けてもらえない、神さまにさえ見捨てられているなどと勝手に勘違いしたりする。

おいおい、そんなことはないぞ。いつだってあなたの幸せを願っておる。どんなときだって本質的には味方だ。それが人間には理解できないこともあるだけのことじゃ。

わしのほうとしちゃあ、あなたにはどんどん話しかけてもらいたいと思っている。**24時間365日対応可能**じゃ。わしは神さまだから寝たりしないんじゃよ。近所の水漏れ工事会社の24時間対応以上だぞ。どうだ、すごいだろう！

「ねえねえ、神さま」って話しかけられたとたんに、「待ってました♪　こちら神さまです。どうされましたか？」って待ち時間ナシで即対応しちゃうんだから♪

「何だ、何でも言ってみそ」って両腕を広げて、愛情いっぱいに聞いてあげる態勢が整っているんじゃ。

人間は見えるものだけを信じがちだから、すぐにわしの存在を忘れる。そして一人で思い悩む。わしの存在を忘れないでほしいもんじゃなあ。

どんなことでも、どんどんわしに話しかけてみたらいい。今日食べた餃子がめちゃくちゃおいしくて、大満足でした程度のことだっていいんじゃ。そういうことを聞いただけで、**「よかったなあ」って頬を赤らめて、しみじみうれしく思うのが神さまっ**てもんじゃ。

ねーねー神さま〜
はいはい こちら神さま 何でも聞きまっせ
RRR
24H

そして、「よ〜〜し、今度はタダでその餃子を食べられるようにサプライズしちゃおう」って秘かにたくらんだりもするんじゃよ。1週間後、いつもは仏頂面の部長に、「みんな、今日は私のおごりで餃子食べに行こう」って言わせたりしないとも限らんぞ。

別に特殊なチャネリング能力とかはいらんぞ。そもそも、わしたちは一つだ。つながっている状態なんじゃ。だからあなたが子どもみたいに無邪気に話しかければ、すぐにアクセスできる。わしが何を言わんとしているのか、最初はよく分からなくても、だんだん慣れてくる。

言葉で答えるとも限らないからな。何か質問されたら、わしが答えるよりもテレビをつけさせて、そこで流している情報を通して答えを伝えるほうが早ければそうする場合もある。何気なく寄った本屋さんで、なぜかいつもは行かないコーナーに行って、手にした本の中に必要なメッセージが書いてある場合もある。あるいは友達や同僚の口を通して、何かを言わせる場合だってある。

今のあなたの受け取り能力に応じて、ちゃんと情報もアイディアも受け取れるカタチで提供しようとしているんじゃ。

だけどそのためには、日頃から気軽に話しかけることなんじゃよ。そうすれば、コミュニケーションのパイプの通りもよくなって、どんどん情報が流れ込むようになってくる。

あなたがどんなことをしたいと思っているのかとか、どんなことについて知りたいと思っているのかとか、どんどんわしに話しかけてみればいい。

それだけじゃないぞ。

寂しくてどうしようもないときは、「抱きしめてください」って言ったって構わんぞ。そのときは飛んでいって、しっかり抱きしめて、「わしは絶対見放したりしないぞ。いつだって愛してるよ」ってちゃんと言うから。

もっと仲良くしような。

「神の啓示」もやってくる

さて、あなたがどんどんわしに話しかけるようになってくると、コミュニケーションのパイプも太くなってくる。そして、たとえば朝目が覚めたとたんに、ビックリするような情報を受け取る場合もある。

これは別にあなたの質問への答えではない。あなたの人生の新たなステージを、ビジョンとして見せるようなことだ。

「そうか！　次にこんなことをすればいいんだ♪」って雷に打たれたようにハッとする。

これは今まで受け取っていた、ちょっとピンときたという直感を超えたものだ。

啓示という言葉を聞いたことがあるか？

「知ってますよ。デカのことですよね」だって？

「そりゃ、刑事のことだろ。ダジャレを言ってる場合じゃないぞ」

これがまさに**「神の啓示」**ってやつだ。

あなたが歓びのままに生き、行動し、わしとツーカーになってくると、そういう現象も起きてくる。

そんなビジョンや、アイディアなどの啓示を受け取ったら、メモしておくといい。例のスケッチブックに書いておいてもいいぞ。だが啓示に関しては、突然やってくるものなので、電車に乗っているときや、横断歩道を渡る瞬間にやってきたりもする。だから手帳にメモして、後からそのビジョンを広げるためにスケッチブックを活用したほうがいいかもしれない。

啓示は受け取ろうと思って受け取れるものではなく、あなたの人生に明らかに変容が起こり始め、ステージが変わる瞬間にやってくる。

これまでは大成功という頂上に向かって、徒歩で登っていたのに、突然目の前にエスカレーターが現れて、全然違うペースで進む段階に入るときに、やってきたりするんじゃ。

その段階に入ると、恩寵を受け取っていた器《うつわ》の大きさを急激に広げる必要に迫られる。そのために、今までやったことのないことに勇気をもって挑むことになる。たとえばこれまで個人を対象としたカウンセリングをやっていたのに、今度は30人をいっぺんに相手にしたワークショップをするようなことになる。

そういうビジョンを啓示として見せたりするわけだが、そうしたら、それをどんなふうに企画したら楽しいだろうって、ワクワクしながら構想を練るんじゃ。こんなワークをしたら面白そうだなとか、あんな話をしようかなとか。「うへへへ～～～。楽しすぎるぜ～～～♪」と、こういうノリで行くと間違いないぞ。それをスケッチブックに好きなように書きまくっておくわけじゃ。

するとわしはそれを見て、**その内容をさらに熟成し、熟成した内容をしかるべきときに、またしても啓示としてドカ～～ンと降ろす**わけじゃな。

シビれるなあ～～～。わしはこういう瞬間、まさに共同創造をしているトキメキで夜も眠れなくなるほど興奮しちゃうんじゃあ。あっ、失礼。そもそもわしに睡眠なんてなかった。てへへ。まっ、そんなわけで、どんどん一緒に面白いことをしよう。あなたのほうにさえ受け取る準備ができていれば、わしはノリノリで啓示を連発しちゃうぞ♪

「大成功して当然だ」って思う

あなたが大成功するには、**基本的な認識として、「自分は大成功して当然だ」って思っていることが大事**じゃ。

もうこれに関しては、かなり図々しいくらいでちょうどよい。いっくらがんばっても、一生懸命やっても、ここの認識がズレていると、ムダに遠回りすることになる。

「私には大成功するだけの価値も力もある」と本気で思っている人間の頭のてっぺんには、ここだけの話だけど、大きな大きな漏斗《ろうと》状の受け皿ができる。わしはそこに向かってラッキー、ミラクル、ワクワク、トキメキ……、もうありとあらゆる素敵なものを流し込むわけじゃな。楽しい作業じゃ。ぐふふ♪

この受け皿がでっかいと、流しやすくなるわけだ。それが針の穴くらいの小《ち》っこい受け皿だったりした日には、老眼のわしにはよく見えないんじゃよ。またまた失礼。わしは千里眼で老眼なんかになりようがないのでした。冗談はともかく、考えたら分かるだろう。そんな小っこい受け皿で受け取れる量なんて微々たるもんじゃ。

どうも謙虚っていう言葉の意味を勘違いしている人間が多いようで困る。

本当の謙虚さとは、あなたの中にわしと同じ神性があり、尊い存在だということに畏敬の念を持っていることじゃ。そんな自分のことを、馬鹿にしたり、侮ったりすることは、とても失礼なことであり、それこそが傲慢というものじゃ。

「私には大成功するだけの価値も力もある」と本気で受け入れるということは、自分という神をたたえる極めて神聖な態度じゃ。


あなたはとてつもなく素晴らしい。

よくぞ、この世界に生まれてきてくれた。

あなたが存在してくれて、体験してくれたすべてがこの世界を彩っている。

何てありがたいことだろうと、わしはいつも思っている。

そんな神さまのようなあなたには、大成功するだけの価値も力もあって当然じゃ。

そこにはいかなる根拠もいらない。

たとえ今まであなたがどんなに人から馬鹿にされてこようとも、そんなことは関係ない。それによって自分には価値がないのだと勘違いしたかもしれないけれど、今日限りその誤解を解くことじゃ。

あなたは存在しているだけで素晴らしい。今日まで生きてきてくれただけで、100点満点じゃ。

よくがんばってきたじゃないか。わしは知っとるぞ。

自分を侮っちゃいかん。堂々と胸を張って、「私には大成功するだけの価値も力もある」って口に出して言ってごらん。何だか魂の奥底から力が湧いてこないか？

「そうだ！　その通りだ！　そう自分に言いたかった！」

「本当にそうだ。ちゃんと私は知っていた」

そんな気がしてくるだろう。なぜなら、それが真実だからじゃ。みんなちゃんとどこかでそのことを知っている。忘れていても、あなたがその気になれば、いつでも思い出せることなんだぞ。これからはこっちでいくぞ♪

すべてに感謝する

いいこと教えちゃうぞ。毎日するといいおまじない♪

湯船につかって、今日も1日お疲れさんってくつろぐ時間があるだろう。そのときに、**すべてのものに向かって感謝する**んじゃ。


これまで出会ったすべての人たち。

あなたが使ったもの、食べたもの、それをもたらしてくれたすべての人たち。

大自然、大宇宙の大いなる叡智。

ご先祖様。

いつもあなたを見守り、導いてくれるすべての光の存在たち。

この後に、具体的に感謝したい人や存在がいるなら入れたっていいぞ。あっ、わしを入れてもいいぞ。大歓迎じゃ♪

そして、偉大なるあなたの魂に、愛と感謝の念を捧げるのだ。

ありがとうございます。ありがとうございます×10回くらいじゃな。もっと言ってもいいぞ。それで完了じゃ。

「ありがとうございます」

この言葉を繰り返し繰り返し言っていると、あなたが感謝を捧げたものにその美しい波動が流れていくんじゃ。わしにはそれが見えるから、本当に美しくて、もううっとりしちゃうんだけどな。

すると、**その感謝の波動が流れていったものからも、あなたに向かってまるで鏡に反射されたように愛の波動が流れ出す**。

この先、大成功に向かって、あなたが行動していくと、意外なところから救いの手が差し伸べられることがある。あなたが捧げた感謝が、そんなときにあなたに返ってきたりするもんなんじゃ。

もちろん、それを目的にやるわけではないぞ。

純粋に、自分も含めてすべてのものに感謝するんじゃ。そのときに、乱れた波動も感謝という最上級の波動でリセットされる。しかもお風呂に入ってくつろいでいるときなら、なおさらリセットされやすい。

だいたい感謝をしているだけで心地よいものじゃ。怒りや憎しみなども決して感じてはいけないということではないぞ。人間をやっていれば、あらゆる感情を抱いて当然じゃ。それを否定する必要も、遠ざけようとする必要もない。それもそれでよし。

ただどんな感情を抱こうとも、1日1回はこうしてリセットすることじゃ。そうすれば、世界があなたの味方になってくれる。あなたがやろうとすることを、まだ会ったこともない誰かがきっとサポートしてくれるようになるだろう。

言っとくけど、わしは感謝されないとやるべきことをやらないとか、罰を当てるとか、そういうことはしないから、ご心配なく。

すべての人の幸せを祈る

もう一つ、素敵なおまじないを教えちゃうぞ♪

さっきはすべてのものに感謝するといいってことを教えたけど、さらに上級のすごいおまじないがあるんじゃ。それは、すべてのものの幸せを祈ることじゃ。

わしなんかは、「すべてのものの幸せを祈る」のかたまりみたいなもんだからな。いちいち意識しなくても、そういうふうにしか思えないんじゃよ。

だけど、人間はそうもいかないだろう。いろんなことがあるからなあ。心の中で、口うるさい課長に回し蹴りすることもある。その気持ちも分からんでもない。

いいんだよ、それが人間なんだから。いろんな感情を抱くことも、人間の醍醐味《だいごみ》みたいなものだから。わしはそれを愚かだとは思っていない。

だけど、あなたの本質も実はわしと同じ無条件の愛なんじゃよ。それを一応忘れたことにして、この人間世界を味わっているわけなんだけどな。そしてこの章の最初に言った通り、わしと周波数が合うと、ますます大成功しやすくなるわけだ。

だから、1日に1回、何かのついでもいいから、神さまになったつもりで、すべての人の幸せを祈ってみる。

電車に乗ったら、その電車に乗っているすべての人の幸せを、秘かに祈る。

赤ちゃんが泣いてぐずっていたら、その赤ちゃんに、さりげなく愛を送る。

「神さまは、愛を送ることに慣れているかもしれないけど、私はやり方がよく分かりません」だって？

なぁ〜〜んにも難しくない。**心の中で、ただ「すべての人の幸せを祈ります」と魂を込めて唱えるだけでいい。** どうってことないだろう？

愛を送るのだって、別に胸から特殊光線を無理やり出そうとしなくたっていいんだぞ。ただ心の中で、「あの赤ちゃんに愛を流します」って意識するだけで、自然に流れていく。

何回も言うようだが、わしとあなたは本質的に一つなわけだろう。わしがやっていることは、あなたにできないことじゃないんじゃよ。

やってみると不思議と感じる。「あれっ？　私って神さまみたい」って。そしてとっても心が穏やかになり、人の幸せを祈っているのに自分が最初に幸せな気分になっていることに気づく。

ハア～～～ハッハッハッハ～～～。そういうことだったんじゃよ。

これは自分が神さまであるということを思い出す行為でもあるんじゃ。すると大成功モードのスイッチがオンになるというわけじゃな。

どこでも気軽にやってみるといい。

さっきは心の中で回し蹴りしていた課長の幸せだって、試しに祈ってみればいい。まあどうなるかは相手にもよるから保証はできないが、不思議と柔和になって、なぜか優しい言葉をかけてくれたりすることもあるぞ。

面白そうだろう♪　早速実験じゃな。

動くことと休むことのバランスをとる

世の中で活躍している人の中には、引っ張りだこで休む暇もない人がたくさんいる。自分のやっていることが大好きで、休む時間なんていらないって思えるうちは、いくらでもやったらいい。

だけど**人には、休養も必要**だ。

芽を出して空に向かって伸びていく杉の木は、昼間に光合成をして、たくさん養分を蓄えたら、夜はゆっくり呼吸して休む。どっちか一方だけなら、やがて枯れてしまう。

同じように、人間だって動くときも休むときもどちらも必要じゃ。両方あって、初めて大成功のエンジンは回り続けるわけじゃ。

もしかすると、休むことは怠けることだっていう価値観を刷り込まれてきたかもしれないが、そういうわけではないんだぞ。しっかり休むことができるから、精力的に動くこともできる。動くことと同じくらい、休むことも重要なんじゃ。

やりたいことを始めた頃は、なかなか軌道に乗らず逆に毎日が休みみたいで、もどかしく思うかもしれないが、そういうときこそ、思いっきりリフレッシュしたらいい。

「どうせそのうち、こんなにまとまった時間なんて、なかなかとれなくなるほどの売れっ子になるんだ。だから今のうちに、たっぷりエネルギーチャージしとこう♪」って思ったらいい。そして今まで行きたくてもなかなか行けなかったところに行ったり、会いたかった友人とゆっくり食事したりしたっていい。

先のことを思いわずらうよりも、今しかできないことをやって楽しむんじゃよ♪

それに、そう思えば、本当にそうなっていく。焦ることよりも、自分を信じて、今を楽しむことが大事だ。

もちろん、やりたいことで生活が成り立つほど仕事が入ってくるようになってからも、休養をとることをためらうことはないぞ。

仕事を楽しむことと同じくらい、休養も楽しむんじゃ。こういう言い方をすると、何かすごいことをしないとお休みを満喫したとは言えないんじゃないかと思うかもしれないが、そういうことではないぞ。

たとえば、気が済むまで寝るっていうのだっていいんじゃ。これだってかなりスッキリすること請け合いだ。ぐっすり眠っている間に、夢の中で見たこともないような美しい島にいて、リゾートを満喫しているかもしれんぞ。夢の時間も、これがなかなか侮れん。飛行機代やホテル代を払わなくたって、わしが夢の世界でリゾートを満喫させるくらいのことはできるに決まってるだろう。だから寝ることだって大事なんだ。

好きな仕事で生活できるようになってからも、無駄に派手な遊び方をしたりすることは休養にはならない。

休養は人にアピールするためや、自分を納得させるためにとるものではないからな。本当にくつろげて、リフレッシュできることをしたほうがいい。人がどう思おうが、あなたが本当に心を休められたり、楽しめたりすることを自分にしてやることじゃ。

CHAPTER

4

まとめ

- すぐにできて、気分がよくなることをどんどん自分にしてやる
- 360度、どの方向からのラッキーもしっかり受け取る
- どうにかしようともがくのを全部やめてみる
- ピンときたことは悩まずにすぐやってみる
- すべての人、すべてのことに感謝する

CHAPTER

5

神さま、うまくいっても心配がなくなりません！

大成功エンジンを回す

大成功するためにはエンジンというものが必要だということは前に伝えたと思う。このエンジンが回り続ければ、たった一度の成功だけでなく、成功を長く発展させていけるのじゃ。

そのエンジンを回すには、**インプットしたら、アウトプットする。そしてアウトプットしたら、インプットする。これを繰り返すこと**じゃ。

どういう意味かというと、こうしたらいいんじゃないかという情報なりアイディアなりを受け取ることがインプット。

このインプットには様々ある。たとえば、今あなたがそうしているように、本を読んでそこから情報を受け取る場合もあれば、何かのワークショップに参加して、そこからこうしたらうまくいくっていう情報を受け取る場合もある。人から話を聞いて、なるほどなあって思うことなんかも、もちろんインプットじゃ。

宇宙とのつながりがよくなると、CHAPTER4でも言ったが、神の啓示のようにアイディアや情報を受け取る場合もある。こういうものすべてがインプットじゃ。インプットしたら、それを実際に行動に移す。それがアウトプットじゃ。

たとえば起業家セミナーに参加して、融資をしてくれる機関を紹介されたとする。そうしたら、「こういうことをやりたいんですが、融資してもらえませんか？」って早速その融資機関に実際に相談に行くことなんじゃよ。

あるいは、カウンセラーになるためのコースに参加したとする。そうしたら、実際にカウンセリングのモニターになってくれる人を探して、実践することなんじゃ。

仮にコースが初級、中級、上級と三段階になっていたとする。たとえまだ、初級の段階であっても、実際に誰かにモニターになってもらうくらい行動力のある人のほうが、大成功エンジンは回転しやすくなる。

なかなか大成功エンジンが回らない人は、インプットばかりして、アウトプットをしていないことが多い。いろんなことを学んだら、情報をインプットするだけで終わらず、すぐに行動に移すことが重要なんじゃ。

行動に移せば、この方法はうまくいくとか、もっとこういうことをすればいいんじゃないかとか、またそこから情報を受け取ることができる。それがまたインプットになるわけじゃな。さらにその情報を土台に、行動を洗練させていく。この繰り返しをしていくと、どんどん大成功エンジンの回転数が上がる。

何か行動をしても、うまくいかないこともあるかもしれんが、それはそれで貴重な体験であり、その体験を次に活かすことができる。ところが、ちょっとうまくいかなかっただけで、勝手にこれは失敗だったたって落ち込んで、その情報を活かすアウトプットをしなくなる。するとエンストを起こすわけじゃな。

それは失敗じゃないんじゃよ。やり方を変えるチャンスなんじゃ。分かるかな？これはとても重要なポイントだ。やりたいことがうまく軌道に乗らない人は、大抵ここで引っ掛かってしまう。

インプットとアウトプットの両方を交互にやっていると、机上の空論でなく、実体験を豊富に積むことになるので、生きた知恵を受け取れるようになる。だからどんどん発展していけるんじゃ。

うまくいっているさらに上をいく

大成功エンジンが回り出すと、ようやく自分が心から望んでいた生活ができるようになって、誰もがよかったなあって思う。わしもあなたが歓ぶ姿を見て、心からうれしくなる。

だけど、一度そのペースに乗ると、人間というものは、守りに入ってしまうところがあるんじゃ。このやり方さえ踏襲していれば、うまくいくと思ってしまうんじゃな。

しかしなあ、**まだまだあなたは受け取ることができるんじゃ。もっと大きな成功がちゃんと用意されているということ**。さらにたくさんの人に歓んでもらうことも、もっと大きな楽しさを提供することも可能じゃ。

だから**今うまくいっていても、それを握りしめないこと**なんじゃよ。これだけがすべてだと思わないこと。

さっき、インプットしたらアウトプットするということを繰り返すと、大成功エンジンが回るという話をしたけれど、大成功エンジンが回り出すと、もっとこういうことをやったら面白いんじゃないかとか、次はこんなことをやってみたいっていう、ワクワクがどんどん湧いてくるものじゃ。それがインプットになるわけじゃな。

そして、どんどんそれを実現させていく。するとまた、次のワクワクが湧き上がる。そうしたら、それを実現させるのにリスクがあったとしても、それをやってみる。

これは単なる拡大主義とは違うぞ。

とにかく店舗を増やそうとしたり、無理にたくさんの人を集めようとしたりすることじゃない。そうやって数や規模だけを大きくしようとすることは、焦りからくるもので、ワクワクからくるものじゃない。

そうではなくて、まずあなた自身がやってみたくてたまらなくて、**今やっていることよりももっと面白そうで、もっとたくさんの人に歓びを与えられると感じることをする**という意味じゃ。

それはちゃんと軌道に乗る。ますますたくさんの人に応援されるようになる。そして、特にがんばってPRしているわけでもないのに、あなたのやっていることは社会的にも注目され、いろんな人から声がかかるようになっていく。

それは当然のことなんじゃよ。それだけたくさんの人に歓びを提供しているんだから。ますます世の中に必要とされるに決まってるだろう。

わしもあなたのやっていることが、ますます発展していくように、天から地球をスキャンして、こいつと出会わせちゃおうかなあとか、こんなチャンスを与えちゃおうかなあとか、あなた以上にワクワクして、いろんなサプライズを次々繰り出す準備を進められる。

そのためには、あなたもそのノリでいかんとな。

わしが次に与えようとしている、さらにビッグなサプライズを受け取るにふさわしい器を用意しておくこと。そのためには変化を怖れないことじゃ。

時代に合わせて進化する

たとえば老舗《しにせ》といわれる和菓子屋が、創業以来全く味を変えていないかというと、実はそうではない。素材にこだわることや、味に妥協しない姿勢は頑固に守っていたとしても、**その時代に合わせた味に変えることを怠ってはいない**ものじゃ。甘さ控えめの時代なら、それに合わせた味にするか、選択肢を増やす。

それどころか、もしも作っているものが、今の時代に合わないとしたら、今までのお菓子を作る技術は活かしつつも、全く新しい分野である洋菓子を作ったり、それを味わうにふさわしいカフェを作ったりすることに乗り出すこともある。

企業経営であったとしても、長く発展していける企業は、その時代に合わせて、持っている技術を活かす新しい分野を開拓していく。

だから、あなたも、**今の時代に何が求められているのかというアンテナをちゃんと立てていることが大事**なんじゃ。

特別な勉強をするよりも、あなた自身が実際にいろんな人に会って話を聞いたり、いろんなものを見たりする実体験が重要じゃ。

実は、生の体験こそが最先端のトレンドなんじゃ。マスコミで流されている情報は、実はちょっと古い情報じゃ。その情報をまとめるまでに既に時間が経過しているし、何らかのバイアスがかかっていることも多い。だから雑誌やテレビで見たことを鵜呑《うの》みにするでないぞ。

あなた自身が自分の五感を使って感じ取ることの中に、真実がある。

わしもあなたが、今、何が求められているのかをキャッチできるように、ここに行ってみたらいいんじゃないかとか、誰それに会ってみたらいいんじゃないかとか、直感を通して、あるいは啓示を通して導いている。

もしそんな導きを感じたなら、それをすぐに行動に移すことじゃ。これもインプットとアウトプットを繰り返す大成功エンジンを回すための方法の一つであるのは言うまでもない。

先ほどの老舗の和菓子屋の話でいうと、その和菓子屋が一番大事にしていることは、おいしいひとときを人々に提供し、人生に豊かさをプラスすることなわけじゃ。そこは変わっていない。その原点となるものを変える必要はない。その表現の仕方を時代に合わせて変えていくという話じゃな。

分かるかな？

その原点もなく、ただただやみくもに流行を追いかけ、最も大事にしなければならないものまで捨ててしまうと、元も子もなくなる。

やりたいことをやって大成功エンジンが回り出すと、結局、たくさんの人の歓びが、自分の歓びでもあるということに気づかされる。そしてこの歓びをさらに大きくしていきたいという魂の純粋な衝動に突き動かされるようになる。

そうなると、やはりその時代の流れがどういうものなのかにも自然と敏感になってくるものじゃ。そして、その流れをキャッチしたなら、それにふさわしいものを生み出し、さらに歓びの輪を広げていけばいい。

毎回新しいことをやる

大成功エンジンが回り出すと、自動運転されているかのように、特にがんばったりしなくても、スムーズに流れるようになってくる。

そして、同じことさえ繰り返していれば、安泰だろうと思うようになる。

だが、どうじゃ？　同じことだけを繰り返していて、本当に楽しいか？

やってる本人が飽きてくるだろう。それ以前に、相手も飽きてくる。

それに、何か一つやるたびに、次はもっとこういうことをプラスしたらいいんじゃないかというアイディアだって実際に降りてくるだろう。わしはそういう閃《ひらめ》きをあなたにちゃんともたらすスイッチを入れとるんじゃ。

だから、**前にやったことをただ繰り返すのではなく、その次には、やっていることにさらに新しいことをプラスする**んじゃ。あるいは、改良してもいい。アウトプットをしっかりやっていると、そういう情報もインプットしやすくなるからそう難しいことでもない。

たとえば、最初はお話し会をやっていたとする。こっちから一方的に話をしているだけ。でも一度やってみて、参加者同士がざっくばらんに話す時間もあったほうがいいと感じるなら、次回は、こっちから一方的に話すだけではなく、参加者同士でコミュニケーションできるワークを取り入れたり、質疑応答の時間を設けたり、終わった後に懇親会を入れたりして、いろいろ発展させることもできるだろう。

せっかく何かを体験したなら、その体験を元に、少しでもいいから、さらにいいものを提供していくことなんじゃ。それをインプットしたら、それを元に、次のアウトプットをしていくという意味じゃ。

そうやって、毎回進化させることができたなら、あなたの提供するものはどんどん洗練される。お客さんだって、次はどんなことをやるのだろうと楽しみにしてくれる。

大成功エンジンは、そうやってインプットしたことを元に、進化させたアウトプットを繰り返すことによって、どんどんスピードがアップしていく。

最初は歩くスピードだったのが、次は走るスピードになり、その次は自転車くらいになり、その次はバイクになり、さらにその次は自動車くらいになり、さらに電車になり、新幹線になり、飛行機になり、ロケットになり……ってな具合に、どんどんスピードアップするわけじゃ。楽しいなあ♪

かといって、別に焦る必要はないぞ。できること、小さなことでいいから、毎回前回よりも進化させ、改良したものを提供することを心がけるだけでいい。そうすれば大成功エンジンのスピードは確実にアップする。

大事なポイントは、小さなことであっても、進化・改良を「続けること」なんじゃ。

これを続けてある地点まで行くと、突然次元の違うスピードが出る瞬間がやってくる。仕事のやり方も規模も抜本的に変わる瞬間という意味じゃ。

それは、突然スピードがアップしても、しっかりそのスピードに乗れるだけの大成功筋力がついたときに起こる。わしが天からあなたを見て、最もふさわしいタイミングでそうなるようにするから、あなたは目の前のことを一つひとつ大事にやり続けていくだけでいいのじゃ。それを無理に起こそうとすると、肉離れを起こし、全部やり直しになってしまうこともある。だから心配せずにわしに任せておいたらいいんじゃ。

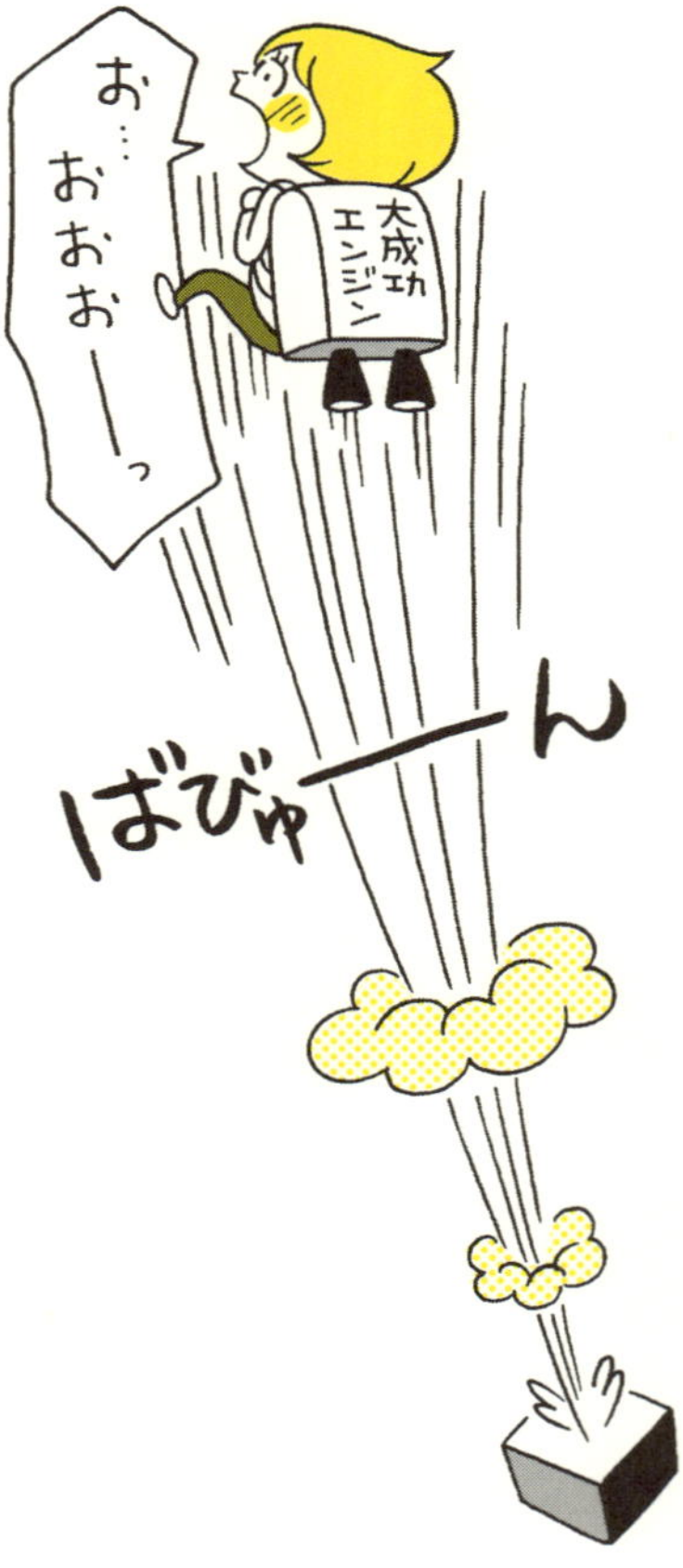
お…おおお――っ
大成功エンジン
ばびゅ――ん

人がやっていないことも怖れずにやる

大成功エンジンが回り始め、どんどん加速していくと、流れをキャッチする感度も上がってくる。今は誰もやっていないことでも、この先にこういうことが人々に求められるようになることだと、人から教えてもらわなくても分かるようになる。

これには、114ページからの項で教えた、「宇宙とつながる瞑想」をすることも、とても役に立つ。

こうして、これまでは時代に合わせる状態だったのが、今度は時代を創造する側に回ることになる。

昔は買い物をするなら、実物を見て選ばないと心配だと言われていた。だからネット通販なんてうまくいくはずがないと思われていた。でも今はどうじゃ？

ネットで買い物をするのが当たり前の時代になっただろう。東京のど真ん中にある大きな百貨店で売っているものを、東京から遠い北海道の海辺の街に住んでいても、ネットを通じて買うことができるようになった。

逆に東京のど真ん中に住んでいる人が、北海道の新鮮な魚をクリック一つで注文することもできる。

新しいことを始めるとき、最初は多くの人に「そんなことやったってうまくいくはずがない」と言われるかもしれない。

そういうときは、なぜうまくいかないと思うのか、よ〜〜く相手の話を聞いたらいい。それはそれでリスクをクリアするヒントになるかもしれんからな。何でも利用するんじゃよ。

その上で、それでもやっぱりこれを提供することは、多くの人の役に立ち、歓びにもつながるはずだと思うなら、やってみることだ。

こういう閃きがくること自体、わしが「あなたには新しい時代を創造していくだけの大成功筋力がついたぞ」って知らせているサインなんじゃよ。だから自信を持って、構想を練ったらいい。あなたが本気でそのアウトプットに乗り出したら、わしだって張り切っちゃうぞお〜〜〜。

わしはそういうことが大好きじゃ〜〜〜。

そういうことにチャレンジする人が出てくると、うれしくてうれしくて、いろんなサプライズを用意してしまう。**この段階まで来た人の周りには、うまくいくはずがないと批判する人がいる反面、強力な協力者が現れたり、思いもよらないアイディアがやってきたりする。**

みんなそういう不思議な導きを体験する。それは何を隠そう、わしがアレンジしているんじゃよ。

ア〜〜〜ハッハッハッハッハ♪

ああもう、笑いが止まらん。

こういうときは、ビビってないで、しっかり受け止めてくれよ。頼んだぞ。

迎合しないが、独りよがりにもならない

大成功エンジンが加速し始めると、確かにたくさんの人の歓びが自分自身の歓びでもあることに気づくだろう。

しかし、自分の軸まで明け渡して迎合してはいけない。自分の魂が本当に表現したいことを表現することが、どんなときも大事だ。

実は、あなたが魂の底から歓びを感じることを提供すればするほど、それを受け取る人にとっても大きな歓びになるのじゃ。それはその人の持つ大成功のタネを触発することにもなるからだということを前に伝えたが、覚えているかな？

だから、最初にあなたの魂の歓びありきということを忘れてはならない。

たとえ**相手が歓んでも、自分が苦しくなったり、消耗してしまったりするようなことは長続きしない**。

それに、**軸を明け渡してしまうと、常に相手によって振り回されることになる**。自

分自身の歓びをないがしろにして、人の歓びだけを基準にすると、相手はどこまでもあなたから差し出してもらおうとするようになる。

それはときに依存関係を生み出し、相手の自立を妨げることにもなる。

人間はみんな、それぞれに大成功のタネを持って生まれてくる。そしてそのタネはちゃんとその人の力で発芽させることができる。その人の力を奪わないためにも、あなたは自分の魂の歓びという軸からブレないこと。

誠実である必要はあるが、甘やかす必要はない。

もっと言うと、あなたの軸がしっかりしていれば、相手の軸をしっかりさせることにもつながる。依存させるのではなく、共存共栄したほうが大成功は長続きするに決まっている。

かといって、頑《かたく》なに独りよがりになるということでもないぞ。誰の意見も聞かず、とにかく自分さえよければ、他のことはどうでもいいっていうのも、もちろん違う。

これまで伝えてきたように、一つのやり方にだけこだわらず、どんどん進化させる柔らかさを併せ持つと最強だ。

その意味では人の意見もどんどん取り入れればいいし、人から学ぶこともとても素晴らしいことじゃ。

そうやって、柔軟に進化・発展していくけれども、魂の歓びにつながらないことを無理してやったりする必要はない。

原点を忘れない

CHAPTER2で、自分にとって何が最高の歓びであり、それをどんなふうに表現したいのか、また仕事のスタイルがどういうスタイルであれば、一番力を発揮しやすいのかという軸を定めたのを覚えておるか？

大成功し始めると、たくさんの人から引きがあり、それらのすべてに応じようとすると、寝る間もなくなるほど仕事をしなくてはならなくなってくる場合がある。この機を逃したら、波に乗れなくなるのではないかという怖れから、何でも引き受けようとしたり、断れなくなったりしてしまうこともあるかもしれない。

確かに最初に来た大きな波にビクビクして乗り遅れるくらいなら、多少忙しくなっても乗ってしまったほうがいいこともある。

しかし、あなたにとって一番力を発揮できる仕事のスタイルを無視して無理をしてしまうと、疲労が質の低下につながり、一時的な成功に終わってしまう。

また、相手の要望に合わせて、自分が表現したいものではないものを表現するようになってしまうと、あなたならではのよさも死んでしまう。
売れ始めると舞い上がってしまい、どんな要望も安請け合いしたくなってしまうかもしれないが、そういうときこそ自分の軸という原点に戻ることじゃ。そして質の高い仕事をしっかりしていくことで、大成功が一時的なものではなく、長続きしていく。

多少相手を待たせることになっても、本当に質の高い仕事をしていれば、人は待ってくれるものだ。

それから、どんどん売れて、人から注目を浴び、もてはやされるようになっても、やはり原点を忘れないことだ。**何のためにこの仕事をしているのか。その一番の原点を忘れて、違うことが目的になってしまう人もいる。**
どんなときもタネにとっての最高の養分は、魂の歓びだ。地位や名声のような違うものが目的にすり替わると、タネに養分がいかなくなり、わしもあなたを助けたくても助けられなくなってくる。そういうときのわしの悲しみは、人間が感じる大好きな人に失恋したときの100倍以上だ。わしがあなたを愛する気持ちは、人間が誰かに恋するレベルなんてもんじゃないんだぞ。

わしはあなたに、長く幸せに成功してほしいと思っておる。どんな道を進めばそうなれるのかも、あなた以上に分かっているんじゃ。そのためにいろんな出会いやチャンス、時に閃きを駆使して、あなたを導いている。

あなたがズレ出したら大抵、うまくいかないことや、イヤなことが増えてくる。それがサインなんじゃ。そのサインが出てきたら、もう一度原点である軸を書いたスケッチブックを取り出して、果たして今の自分はこの軸からズレていないか、チェックしてほしい。

そしてズレに気づいたら、軌道修正して出直すことじゃ。

スタイルを更新する

人間はどこまでも成長していけるんじゃ。だから大成功エンジンがどんどん加速し始めたら、スタイルもそれに合わせて更新していっていい。

もちろん、あなたにとっての魂の最高の歓びという原点は変わらないし、変える必要はない。

ただその表現方法はどんどん発展させていっていい。最初はカフェを併設した花屋という表現方法だったのに、今度は、花を活かした暮らしの学校を作るというもっと規模が大きく、たくさんの人に影響を与えられるものに発展していったりする。

仕事のスタイルも、仕事が軌道に乗ったからこそ、最初は週休3日を想定していたのに、1年のうち1カ月は完全休業し、その期間にしっかりエネルギーチャージをし、見聞を広め、さらに大きなアウトプットに備えるというスタイルに変わるかもしれない。

あるいは、結婚して子どもが生まれたことを機に、仕事を半分に減らして、子育てを中心に据えたくなるかもしれない。

だから**1年に1回は、見直してみる**といい。見直すことで、人に流されずに、常に自分にフィットした生き方ができるようになる。そして今の自分に一番フィットした生き方をすることによって、あなたの力をスムーズに発揮し続けられるようになる。力を常にスムーズに発揮できるなら、大成功も続くし、発展させることもできる。

ところが、人はどうしても変化を怖れる。**変化するということは、新しい選択肢をとるということだから、そこには常に今よりもうまくいかなくなるというリスクがある。**

そんなリスクをとるくらいなら、今以下にはならない、今のやり方を踏襲したほうが安全だと思ってしまうんだな。

ところがそれは決して安全なことではないのじゃ。同じことを繰り返すということは、育ち盛りの子どもが身長もどんどん伸び、体格もよくなっていくのに、無理やり赤ん坊の頃の服をずっと着せられているようなものなんじゃ。そんな窮屈な服を着せたら、成長が阻害されてしまうだろう。

それと同じことなんじゃよ。

杉の木だってそうだ。鉢植えにしていたら決して大木には育たないだろう。

大木には大木にふさわしい環境を与えることだ。

あなたという大木も、どこまでも成長していけるように、その成長に見合った環境を自分自身に与えていくことが大事なんじゃ。

無駄なことが新しい視点を生む

大成功を続けるには、脱皮し続けることじゃ。**脱皮するには、今までの価値観を一度ぶっ壊して、全然違う視点でものを見てみること**なんじゃ。

そんなふうに視野を広げてくれることは、自分では「無駄」だと思っていることの中に案外あるものだ。

「無駄なことってどういうこと？」だって？

それは効率という、人間が信じている神話から外れたことをすることじゃ。

人間はできるだけ小さな労力で、できだけ大きなものを手に入れることがいいことだと思っているフシがある。そしてそういう方法をあれこれ探して、トクをしようとする。

でも本当にそれでトクをしているんだろうか？

たとえば東京から名古屋まで行こうと思ったら、新幹線に乗るのが一番速くていい方法だと思う人が多いだろう。けれども、もっと遠回りで、時間のかかる行き方もある。すべての駅に停まる各駅停車に乗ることもできるし、東京から同じJRで行くとしても、中央本線経由で行くこともできる。実はこっちのルートのほうがずっと時間はかかるけれど、日本アルプスの美しい山並みを見ることができる。でもそれはそのルートをとってみないと体験できない。

効率を優先しなければ、全く別の景色を見ることができるわけじゃ。これは、もののたとえだが、こういう効率を度外視した行動をとったときに、新しい視点を得たり、視野を広げたりする体験ができる。

たとえば駅までの道だって、わざと遠回りしてみることもできる。その道すがら、見たこともない景色に出くわすこともあるし、あるいは素敵な人との出会いがあるかもしれん。

実をいうと、わしは、あなたが視野を広げる体験ができるように、しょっちゅうそそのかしているんじゃよ。へっへっへ♪

ドライブしているときに、いつもは曲がらない方向に、急にハンドルを切らせて知らない公園に導き、その公園の中でやっている太極拳に参加したいという衝動を起こさせたりする。そして太極拳を通じて「氣」というものが存在していることを教えたりもするんじゃ。

効率にだけ意識がいっている人は、せっかくそういう導きを与えても、無視し、いつも通りの最短ルートを行きたがる。それでは新しい視点や視野が広がることには、残念ながらならないんだよ。

それをやったらどうなるか分からない、一見無駄に思えることが、ガチガチに固まった価値観を緩め、新しい価値を受け入れる土壌を作る。

だからわしのそんなサインを感じたら、何も考えないで、その直感に従ってみることじゃ。そこから思いもよらない展開が始まることだってあるんだぞ。

誰かれ構わずいい顔をしなくていい

売れっ子になると、いろんな人間が寄ってくる。

金儲けのためにあなたを利用しようとする人。

あなたと友達であることを自分のステータスだと自慢したがる人。

活躍しているあなたを勝手に理想化し、崇めたり、依存したりしてくる人。

逆に、
どんなに有名であろうとも、同じ一人の人間として等身大で付き合ってくれる人。

あなたに新しい視点を授け、触発してくれる人。

時には厳しいことも言うけれど、本当にあなたのことを思っている人。

無償の愛で、あなたを応援してくれる人……。

人に知られるようになればなるほど、いろいろな人間が集まってくる。そんなときもやはり自分の軸からブレないことじゃ。

誰かれ構わず、人にいい顔をしようとしないこと。

あなたの原点や軸に照らして、本当に付き合うに値する人と付き合うことじゃ。

あなたの大成功エンジンが加速していけばいくほど、影響力の大きなことをするようになる。ということは、**いつも自分のコンディションをいい状態に保っていることが、社会的な責任にもなってくるのじゃ。**

だから、一緒にいて互いに触発され、勇気づけられ、成長していける人を選ばなくてはならないのじゃ。

逆にあなたの時間やエネルギーを無神経に奪おうとする人や、一緒にいて消耗する人と付き合う必要はない。

特に仕事を依頼してくる人たちに関しては、あなたの魂の最高の歓びを共有できる人なのかどうかを見極めることが大事じゃ。たとえお金をたくさん支払ってくれる人だったとしても、それが共有できないなら、いい仕事ができないばかりか、ストレスになるだけじゃ。

あなたの魂だけは、絶対に売り渡してはいけない。

それが大成功の心臓だからじゃ。

あなたはこの世界に、素晴らしいものを生み出す貴重な源でもある。人間関係は、最も大きな歓びにつながると同時に、最も厄介なストレスにもなる。最高のものを生み出し続け、大成功し続けるためにも、毅然とした態度で相手を選ぶことを自分に許すことじゃ。

そしてあなた自身も相手を勇気づけ、触発し、力になること。

そんな関係であるなら、たとえ付き合う人数が少なくても、大成功エンジンは回り続ける。

人間関係も、量より質なんじゃ。

人の成功を助ける

大成功し始めて、社会的に影響力を持つようになったら、人の成功も助けるといい。

この世界に生まれてくるすべての人には、大成功のタネがある。そのタネがたくさん芽吹いて、それぞれに大きく育っていったら、この世界はとても豊かになるだろう。

素晴らしいものがたくさん世の中に生み出され、人々はそれを享受して、人生を楽しみ、ますます幸せになっていく。

だから、**あなたの持っている力を、そんな社会に向けて使っていく**のじゃ。こんなにすごい人や面白い人がいるということをたくさんの人に紹介してもいいし、あなたのように大成功するにはどうしたらいいのか、その方法をたくさんの人に教えたっていい。

教えてもらったすべての人がそれを活かし切れるかどうかはその人次第だが、あなたが、どうすれば大成功できるのかという、非常に大きなインプットを得たことは事実じゃ。であるならば、そのインプットを、アウトプットすることは、とても大きな加速を生み出すことになる。

大きなインプットは、大きなアウトプットをすることでバランスがとれ、それによってエンジンも大きく加速し、さらなる大成功につながっていくわけじゃな。

だが、人の成功を助けると言っても、依存させることではないぞ。

力を持つ人の周りには、その力に頼る人が集まってくる。自分で行動せずに、あなたの力によって、どうにかしてもらおうとする人間が世の中にはたくさんいる。

しかし大成功のタネは、人にどうにかしてもらおうとしても、どうにかなるものではない。短期的に脚光を浴びたとしても、タネ自体に養分が行き渡っていなければ、やがてしぼんでしまう。

つまり、その人が自分のタネに歓びという養分をしっかり与え続け、歓びに従って行動するということなしに大成功することは、残念ながら、ありえないんじゃ。

だから、相手の力を引き出し、伸ばすためにあなたにできるアウトプットをするだけでいい。**あなたが相手に代わって、成功させてやろうとしないことじゃ。**

もしも依存してくるようなら、彼らはまだあなたの大成功の叡智を活用できる段階にはないということじゃ。

その意味でも、本当に助ける価値があり、そのタイミングにある人を選ぶことが肝心じゃ。そしてそういう人を見つけたら、どんどんチャンスを与え、サポートすればいい。

あなたは消耗するべきではない。さっきも言ったように、いつもよいコンディションであるべきなのじゃ。その状態を保つことが、社会的な責任でもあるのだ。人の成功を応援することはとても素晴らしいことだが、だからといってその相手が誰でもいいというわけではないのじゃ。

人生のあらゆる側面を楽しむ

最初に決めた大成功人生のスケッチの中には、仕事のことだけでなく、人生をどんなふうに楽しむかということも入っていたはずじゃ。

なぜなら人生のあらゆる側面が充実することでバランスがとれ、大成功が長続きしていくからじゃ。

つまり素晴らしい仕事を続けていくためにも、仕事以外の時間も充実させることが大事なのじゃ。

快適な環境で暮らすこと。
ゆったりと休養すること。
家族との時間を楽しむこと。
素晴らしい友人たちと触れ合うこと。

おいしくて体にいいものを食べること。

おしゃれを楽しむこと。

体のケアをしてあげること。

旅やリゾートを楽しむこと。

絵、音楽、詩、踊りなど、創作活動を楽しむこと。

スポーツを楽しむこと。

ボランティア活動を楽しむこと。

……まだまだあるだろう。

それを全部楽しんでいいんじゃや。遠慮する必要なんてない。

人生には楽しいことがたくさんある。その楽しいことを、全部体験していい。楽しさを感じる要素が多ければ多いほど、大成功エンジンは燃費がよくなり、長く回転し続け、加速しやすくなるということじゃや。

だからといって、何もすべてのことを「やらねばならない」と思わなくていい。それがノルマになってしまうのだとしたら、それは決して歓びにはならない。だから、あなたがやりたいことをまずやればいい。

そして、それをやれるだけの時間的な余裕を持つことじゃ。

本当に大成功している人ほど、時間的な余裕も持ち合わせているものだ。そして人生を全体的に楽しんでいる。

わしがここまで伝えてきたことを、あなたが本気で人生に取り入れるなら、それが可能になるだろう。
魂の歓びに従って生き、
軸からブレずに、大事にするべきものを大事にし、
インプットとアウトプットの両輪を回し続けるなら、
そんな余裕を持つことができる。
仕事だけがうまくいっているのではなく、人生そのものが充実していることを大成功とわしは言っておるんじゃ。大丈夫。あなたのタネにもしっかりその力とシナリオがある。あとはあなたのやり方次第だ。

見たこともない世界に驚かない

大成功エンジンがガンガン回り始めると、以前は想像もしなかったようなことがどんどん実現していく。

生活する環境も変われば、付き合う人たちも変わる。

もちろん受け取るお金も桁《けた》が違ってくる。

驚くべきミラクルも当たり前のように起こり、がんばらなくても、どんどん流れに乗って、次々と大成功を手にしていくことになる。

でもこれは、それを受け取ることをビビらなければの話だ。

人は実際にそれだけのものを受け取れる段階に入ると、「私なんかがそんなものを受け取っていいのだろうか」とか、「こんなに恵まれたら、後でしっぺ返しを受ける」とか、周囲の人が嫉妬して離れていくのではないかと怖れたり、せっかくわしが差し出したものを、受け取り拒否してしまったりする。

その昔は、あれだけ成功を望んでいたのに、実際にそれを前にするとビビる人間や、受け入れ態勢のできていない人間のなんと多いことか。

あ～～あ、これまで一生懸命導いて、あなたを最高に幸せにしたくて精一杯やってきたのに、こういう態度をとられると、わしは残念で残念で、涙がいっぱいあふれてしまう。あなたには見えないかもしれないが、あなたの頭のてっぺんに涙がこぼれ落ちてしまうんじゃ。これが落ちちゃうとなあ……申し訳ないけど、大成功エンジンも停止じゃ。


だから、どんなにすごいことが起こっても、それを受け入れる覚悟だけはしっかり持っていてもらいたい。

それ以前に、そもそも自分に限界を設けないことじゃ。

自分はこの程度がせいぜい、などという考えは捨ててほしい。

そうではなくて、

「神さまが与えてくださるというなら、どんなにすごいものでも受け取ります。決して限界を設けません。そしてその素晴らしい恩寵を、私一人ではなく、たくさんの人と分かち合います」

こういう覚悟でやってもらえると、ありがたいな。

大成功は大幸福

この章の最後に大事なことを言うぞ。

本当の大成功は、稼げる金額の問題じゃない。人生が総合的に満たされ、充実し、その歓びをより多くの人と分かち合える状態のことをいうんじゃ。その状態であれば、成功は長く続き、発展するし、結果的にお金も流れ込むことになる。

つまり、**大成功はイコール、大幸福でもある**わけじゃな。

それが両立するということこそが本物の大成功じゃ。

わしはその方向に向かって今日もあなたを導いている。わしを信頼して、歓びとともにあれば、大成功はむしろカンタンなことじゃ。

いつだって、わしはあなたの味方じゃ。今日も変わらず愛しているぞ❤

一緒に見たこともない、最高の大成功&大幸福な人生を楽しもう♪

CHAPTER

5

まとめ

- インプット↓アウトプットを繰り返す
- 今やっていることよりも
もっと多くの人を幸せにする方法を考える
- 人がやっていないことにも怖れず挑戦する
- 自分の原点をいつまでも忘れないようにする
- 人の成功を助ける

CHAPTER

6

神さま、この期に及んで まだ、挑戦する勇気が 出ません！

この本は二次元では終わらない

ここまでわしの本を読んでくれてありがとう。

わしも、幸せに大成功していくための秘訣を、かなりいろいろな側面から伝えられたと思う。

ここまで読み進めてきて、何となく「こんなことやっちゃおうかな♪」ってワクワクしてきた人もいるだろう。

「私もやりたいことに向かって進んでみたいけど、仲間になってくれる人がいたらいいのになあ」って思っている人もいるかもしれない。

よ〜〜〜く分かってるぞ〜〜〜。あなたたちのそんな気持ち♪

そこでわしは、やりたいことを表現したいという人や、一緒に励まし合って進む仲間がほしいという人たちが集《つど》う場を作ることにしたんじゃ。

つまり、本という二次元の世界と、実際にそれを実現していく三次元の世界をつなげることにしたんじゃよ。

大抵の本は、読んだらだいたいそれで終わり。だが、この本はそうじゃない。

実際にこの本で紹介していることを、仲間と集まって一緒にやってみるんじゃ。

一人でやるより、仲間と一緒にやったほうが心強いだろう。

それに、第一楽しいだろう。大成功のタネへの一番の養分は「歓び」だったのを覚えているかな。

仲間と励まし合い、触発し合いながらやっていったら、歓びだって倍増じゃ♪

ますます大成功しやすくなっていく。

それに、励まし合いながらやれば、一人でやるより、ずっと長く続けることができる。そういう仲間が集える場をネット上に作るので、ぜひアクセスして、互いに情報交換していったらいいぞ。

気持ちを同じくする仲間とは、本当に心が通じ合えるものだ。もしかすると、そういう素晴らしい仲間は、あなたの暮らす街のすぐ側にいるかもしれない。

たとえ遠くに住んでいる人がいても、今は無料で通話したり、グループ通話できたりするアプリもたくさんあるので、大成功仲間のネットワークを世界規模で広げたっていいんだよ。

ただし、それには一つポイントがある。

あなた自身が能動的に参加することじゃ。

この本の中でも言ってきたように、エネルギーを動かすことが大成功を加速させるからじゃ。それに、何か行動を起こしたら、それによって、次はこんなことをやってみたいとか、もっとこうしたら楽しめるとか、体験したことによるインプットも得られる。そしてインプットしたら、次はどうするんだったか覚えているかな?

そうじゃ! アウトプットすることじゃ。実際にそのインプットを踏まえて、次の行動をとるんじゃ。これを続けていけば、大成功エンジンはどんどん加速する。

だから、能動的かつ行動的にこのグループを活用していくといいんじゃ。

やりたいことを表現する場がある♪

こうして、仲間と一緒にこの本に書いてあることを実践し、あるところまで行くと、「あっ、私、自分が撮り続けた写真の展覧会をしてみたい♪」っていう魂の歓びの衝動が止まらなくなってきたりする。

あるいは「私のお庭のバラ園をみんなに公開して、即席ガーデンカフェをやってみたい♪」って人も出てきたり……。

何て素晴らしいことなんだろう。あなたが魂の歓びを純粋に表現したいと思うその瞬間、あなたはとてつもなく輝いているんじゃ。

そんなとき、わしはうれしくてうれしくて、自然に踊り出してしまう♪

あなたのハートの中で、そんなワクワクが湧き上がったとたんに、わしは、「参加しま〜〜す」っていち早く参加表明してしまう。

わしが参加するのもそれはそれでいいんだが、やっぱり同じ三次元にいる人たちにも、ぜひそんなあなたの魂の歓びの表現に立ち会ってもらいたいだろう。

だから、このグループでは、「こんなことを表現したい」ってことを自ら企画して、参加を呼びかけたっていいんじゃ。

これまでは自分にはやりたいことがあるけど、どうやってそれを人に知ってもらったらいいのか分からないという人も多かったのではないかな？

だが、幸せな大成功を目指す人がたくさん集う場があれば、そこでたくさんの人に知ってもらうこともできるだろう。

そして、ここで弾みをつけたら、グループ以外のたくさんの人にも、あなたのやりたいことを知ってもらうことができるかもしれんぞ。

それもあなた次第じゃな。

やっぱり、どれだけインプットとアウトプットの大成功エンジンを回し続けられるかなんじゃ。

最初は自分でガソリンを注ぎ、エンジンを回していくことが大事なんじゃ。

だから、わしもそんなあなたにラッキーやミラクルを秘かに用意して、しかるべきタイミングが来たら、ドカ〜〜ンと降ろしちゃうつもりじゃ。
どんなミラクルかは、エンジンを回し続けてからのお楽しみじゃ♪

どうじゃ？　読んだだけで終わりにしないで、どんどん行動してみたくなってきただろう。

そのためにこういうことを考えたんじゃ。

あなたにはチャンスも実行する場もあるってこと。

あとはそれを活用するだけじゃな♪
あなたがここから大きく羽ばたき、大成功するのを、わしはとても楽しみにしてるぞ。もちろん、どんなときもあなたの味方であり、応援団長じゃ♪
ここは思い切って、やっちゃえ〜〜〜〜。
大成功のシナリオは、もう始まっているんだぞ〜〜〜〜♪

集え、大成功仲間

そのグループのアドレスは以下の通り。

https://www.facebook.com/groups/daiseiko/

このグループに入るには、フェイスブックのアカウントが必要だ。

さらに顔の写真を掲載していることが条件じゃ。

本当に会って、一緒に行動していくためのグループであるからこそ、自分が何者であるかを表明することが原則じゃ。

自分のフェイスブックのアカウントができたら、このアドレスにアクセスし、参加申請をすればよい。グループの管理者が承認をしたら、早速グループメンバーになれる。

このグループは非公開グループなので、グループの存在は公開されているが、投稿はメンバーにならないと見ることができないようになっている。

ぜひ参加して、大成功のチャンスをつかんでほしい。

大成功

おわりに

ここまでこの本を読んでくださって、ありがとうございました。

神さまからバトンタッチして、ここからは著者である私がお話をしたいと思います。

この本に書いてあることは、私自身が実際に体験したことです。高い高い理想に押しつぶされそうになっていたのも、執着がバリバリでかえってうまくいかなかったのも、自分のことを立派だなんて少しも思えなかったのも、すべて過去の私です。

多分それに関しては、今この本をお読みのあなた以上にひどかったんじゃないかな。

そんな私がどうして今は好きなことをやって、毎日楽しく豊かに自由に生きられるようになったのか……。それは以前勤めていた会社でひどいパワハラを受けて、会社をやめざるを得ない状態になったことが始まりでした。

そのとき、もうどうなってもいいから、本当に好きなことだけして生きていこうと、腹の底から決意できました。理想通りじゃない自分のことも、これはこれでいい。後はどうなろうと宇宙にお任せだって開き直った。

ところが、それこそが人生を開くカギだった。やりたいことをやっているだけで、とにかくうれしくて楽しくてたまらない。その歓びのまま、バカみたいに突き抜けて生きたら、目指したわけでもないのに、自由で豊かな人生が向こうからやってきた。はあ〜〜〜、そういうことだったのかって思いました。

この本にも書きましたが、ここに至るすべての体験が、やりたいことをやって成功するために必要な学びでした。それはあまりによくできていました。

本当はどんな人の人生も、実は大成功に向かって進んでいるのだと思います。ちょっとだけ先にその道を歩いた私が、体験したことのすべてを、この本に込めました。

今どんなに辛くても、絶対に希望を捨てないでください。

あなたもきっと大成功できる。そのためのタネを持って生まれています。

自分と宇宙を信頼し、どうぞあなたの道を進んでください。

２０１７年４月　　大木ゆきの

〈著者略歴〉
大木ゆきの（おおき　ゆきの）
小学校教師、コピーライター、国家的指導者育成機関の広報を経て、スピリチュアルの世界で仕事を始める。「宇宙にお任せして、魂が望むままに生きよう」と決意したときから、八方塞がりだった人生が突然逆転し、想像を超えたラッキーやミラクルが起こり、自由で豊かな生活を手に入れる。この奇跡をたくさんの人に伝えたいという魂の衝動からワークショップや連続コースを全国で開催。募集開始とともに応募が殺到し、各地で満席状態に。ブログで情報発信を始めたところ、読者が急増し、現在はAmebaブログ２部門で１位となる。
数度にわたってインドの聖地で学び、怖れや執着から自由になる「認識を変える光」を流せるようになる。その光はブログを通じて毎日読者に無料で流され、多数の読者から、「自分を愛せるようになった」「運命の人と出会えた」などと好評を博している。現在は執筆が中心となっているが、魂の赴くまま不定期でワークショップも開催。主な著書に、『神様にお任《まか》せで、勝手にお金が流れ込む本』（ＰＨＰ研究所）、『宇宙は逆さまにできている！　想像以上の恩寵を受け取る方法』（ＫＡＤＯＫＡＷＡ）、『人生で大事なことは５つだけ』（光文社）、『世界で一番楽チンな奇跡の起こし方　宇宙におまかせ！』（大和出版）などがある。

●ブログ『幸せって意外にカンタン！』　http://ameblo.jp/lifeshift/
● facebook　https://www.facebook.com/#!/yukino.ohki
●ラジオ『幸せってカンタン！』毎週土曜日 22:00〜22:30　ＦＭ熱海湯河原 Ciao! 79.6MHz.　http://www.simulradio.info/ からアクセスできます。

神さま！ がんばるのは嫌ですが、大成功する方法を教えてください！
2017年５月２日　第１版第１刷発行

著　者　大木ゆきの
発行者　安藤卓
発行所　株式会社ＰＨＰ研究所
京都本部　〒601-8411　京都市南区西九条北ノ内町11
文芸教養出版部　☎075-681-5514（編集）
東京本部　〒135-8137　江東区豊洲5-6-52
普及一部　☎03-3520-9630（販売）
PHP INTERFACE　http://www.php.co.jp/

制作協力
組　版　株式会社PHPエディターズ・グループ
印刷所
製本所　凸版印刷株式会社

ISBN978-4-569-83810-6